a a a a

u i ó i o

e o e o

AAAAAAAAAAAAAAAAAAAAAAAAAAAAAAAAAAAAAAAAAAAA
BBBBBBBBBBBBBBBBBBBBBBBBBBBBBBBBBBBBBBBBBB
CCCCCCCCCCCCCCCCCCCCCCCCCCCCCCCCCCCCCCCCCC
DDDDDDDDDDDDDDDDDDDDDDDDDDDDDDDDDDDDDDDDDD
EEEEEEEEEEEEEEEEEEEEEEEEEEEEEEEEEEEEEEEEEEEE
FFFFFFFFFFFFFFFFFFFFFFFFFFFFFFFFFFFFFFFFFFFF
GGGGGGGGGGGGGGGGGGGGGGGGGGGGGGGGGGGGGGGGGG
HHHHHHHHHHHHHHHHHHHHHHHHHHHHHHHHHHHHHHHHHH
IIIIIIIIIIIIIIIIIIIIIIIIIIIIIIIIIIIIIIIIIIIIIIIIIIIIIIIIIIIIIIIIIIIIIIIIIIIIIIIIII
JJJJJJJJJJJJJJJJJJJJJJJJJJJJJJJJJJJJJJJJJJJJJJJJJJ
KKKKKKKKKKKKKKKKKKKKKKKKKKKKKKKKKKKKKKKKKKKKKK
LLLLLLLLLLLLLLLLLLLLLLLLLLLLLLLLLLLLLLLLLLLLLLLLLLLLLLLLL
MMMMMMMMMMMMMMMMMMMMMMMMMMMMMMMMMMMMMMMMMM
NNNNNNNNNNNNNNNNNNNNNNNNNNNNNNNNNNNNNNNNNNNNN
OOOOOOOOOOOOOOOOOOOOOOOOOOOOOOOOOOOOOOOOOO
PPPPPPPPPPPPPPPPPPPPPPPPPPPPPPPPPPPPPPPPPPPPPPP
QQQQQQQQQQQQQQQQQQQQQQQQQQQQQQQQQQQQQQQQQQ
RRRRRRRRRRRRRRRRRRRRRRRRRRRRRRRRRRRRRRRRRRRRRRR
SSSSSSSSSSSSSSSSSSSSSSSSSSSSSSSSSSSSSSSSSSSSSSS
TTTTTTTTTTTTTTTTTTTTTTTTTTTTTTTTTTTTTTTTTTTTTTTTTTTTTTTT
UUUUUUUUUUUUUUUUUUUUUUUUUUUUUUUUUUUUUUUUUUUUUU
VVVVVVVVVVVVVVVVVVVVVVVVVVVVVVVVVVVVVVVVVVVVVVVVVV
WWWWWWWWWWWWWWWWWWWWWWWWWWWWWWWWWWWWWWWWWW
XXXXXXXXXXXXXXXXXXXXXXXXXXXXXXXXXXXXXXXXXXXXXXXX
ZZZZZZZZZZZZZZZZZZZZZZZZZZZZZZZZZZZZZZZZZZZZZZZZZ

V L NT N R NC N

Dsñd l j ndr M g ll n s

P L BR R

L p l br
ys s ns lts
r c v c s

PALABRERO
Las palabras y sus insólitos recovecos
Valentín Rincón
Diseño de Alejandro Magallanes
Con la colaboración de Ana Laura Alba y Mathilde Baltus
(Taller de Alejandro Magallanes)

Primera edición en Recreo Bolsillo:
Producciones Sin Sentido Común, 2021

ISBN: 978-607-8756-56-8

Impreso en México

VALENTÍN RINCÓN

Diseño de Alejandro Magallanes

ÍNDICE

ANOTA SEIS DE TUS PALABRAS FAVORITAS:

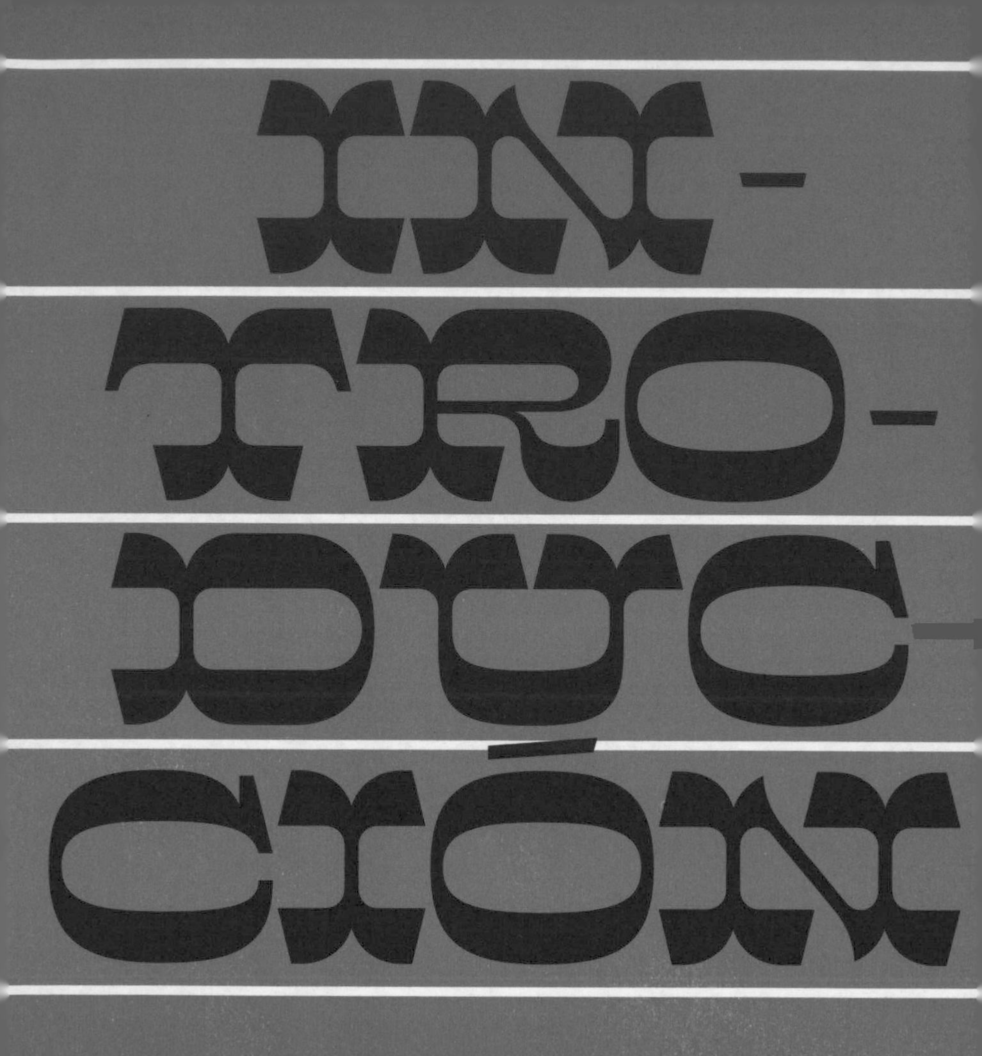
IN-
TRO-
DUC-
CIÓN

La palabra es nuestra morada, en ella nacimos y en ella moriremos; ella nos reúne y nos da conciencia de lo que somos y de nuestra historia; acorta las distancias que nos separan y atenúa las diferencias que nos oponen.

Octavio Paz, Inauguración del Congreso de la Lengua en Zacatecas, 1997.

La palabra es ese don que nos da el carácter de humanos. Con ella contactamos con los otros y les trasmitimos nuestros pensamientos, nuestra esencia. Quienes hablamos la misma lengua, desde niños llamamos a las mismas cosas con las mismas palabras; ellas nos acercan, nos hermanan y nos dan identidad.

Dice Pablo Neruda acerca de las palabras: "Me prosterno[1] ante ellas [...]. Brillan como perlas de colores, saltan como platinados peces, son espuma, hilo, metal, rocío... **Persigo las palabras...** Son tan hermosas que las quiero poner todas en mi poema..."[2]

— 1 *Prosternarse significa inclinarse con respeto.*

— 2 *Pablo Neruda, Confieso que he vivido, Losada, 1974.*

El libro que ahora lees, **Palabrero**, reúne un conjunto de comentarios sobre curiosidades de las palabras de nuestro idioma, el español hablado en México; comentarios con ejemplos y con pequeñas narraciones relacionadas con estas peculiaridades.

Palabrero de ningún modo pretende ser un diccionario, ni un curso ni mucho menos un tratado; en él, quiero simplemente resaltar y dejar constancia de algunas particularidades, rarezas y enfoques humorísticos de nuestras palabras, así como comentar ciertos errores comunes en el habla cotidiana.

Dentro de algunas secciones quiero solamente mostrar ejemplos que ilustran ciertos temas, sin pretender ser exhaustivo. Deseo brindarte, amigo, una lectura agradable y divertida sobre diversos aspectos de esa unidad del lenguaje -**la palabra**-, la menor con significado, y, dado que uno de los objetivos de este libro -amén de ofrecer alguna enseñanza- es la diversión, el enfoque y el orden de los temas no es tan sistemático y riguroso, sino más bien azaroso.

Con este libro te quiero contar cosas que te diviertan de las palabras, porque has de saber que algunas de ellas, solas o acompañadas, nos pueden causar regocijo, sorpresa o asombro.

Me gustan las palabrejas, esas voces que son graciosas por sus particularidades. En este libro te muestro varias de ellas, espero que a ti también te gusten.

He asignado un lugar relevante a los acertijos basados en las palabras y en esas expresiones populares llamadas refranes. Con ellos puede divertirse toda la familia poniéndose a prueba.

Notitas

En el libro, para no decir siempre palabra, *usé a veces* voz, *a veces* vocablo *o* término, *ya que* voz, vocablo *y* término *también significan* palabra.

Con frecuencia usé las siglas DRAE. *Significan diccionario de la Real Academia Española.*

¿CUÁL
ES
LA
PALABRA
MÁS
LARGA
QUE
CONOCES?

Errorcillos
frecuentes

Todo idioma es un universo que evoluciona continuamente; no es algo invariable y rígido. Al paso del tiempo las palabras van adquiriendo significados diferentes. Por ejemplo, la palabra ***jamás*** antes significaba ***siempre***[3] y curiosamente ***hoy*** significa ***nunca.***[4]

— 3 DRAE, *2001, acepción 2.*

— 4 DRAE, *2001, acepción 1.*

La aceptación o rechazo de algún vocablo también cambian. Se dan casos en los que alguna palabra que se consideraba incorrecta, por su uso frecuente, se llega a aceptar y a volverse correcta. Por ejemplo, decir "la presidenta" se consideraba un error y actualmente tal expresión se acepta. El concepto de corrección es relativo.

Sin embargo, para que nuestro idioma no pierda su tradición cultural, su riqueza y su belleza, debemos aceptar normas que lo rigen y le dan cierta congruencia y uniformidad. Creo que debemos conservar, cuando menos, una mínima *corrección*, aceptar la *norma culta*, y considerar erróneas algunas palabras y expresiones.

En esta parte del libro y de acuerdo a lo anterior, señalo ciertos errores que son frecuentes en el lenguaje coloquial y cotidiano. Son fallas cometidas por una extensa gama de personas de diferentes niveles académicos; desde individuos con poca instrucción hasta locutores, periodistas, políticos, alumnos universitarios y maestros de enseñanza superior.

Como ya señalé, no quiero abarcar en esta lista todo el cúmulo de errores que escuchamos y leemos –no cabrían en el libro–, pero sí marcar algunos muy frecuentes. Casos hay en que se trata de una sola palabra, pero anoto también expresiones, para las que escogí algunos ejemplos que me parecieron ilustrativos.

CÓMO NO SE DICE	CÓMO SÍ
apeído	apellido
aúja	aguja
aujero	agujero
cónyugue	cónyuge
mounstro, mounstruo	monstruo
estuata	estatua
itsmo	istmo
me recuerdo que	recuerdo que
me acuerdo que	me acuerdo de que
en base a	con base en

CÓMO NO SE DICE	CÓMO SÍ
a la mejor viene hoy tu tío	a lo mejor viene hoy tu tío
pienso de que debes de cuidarlo	pienso que debes cuidarlo[5]
se debe de aplicar la ley	se debe aplicar la ley[5]
debemos de llevar una dieta sana	debemos llevar una dieta *sana*[5]
ojalá que no se vuelva a repetir	ojalá que no se repita[6]
el muchacho que su papá es sastre	el muchacho cuyo papá es sastre

5 *Cuando el verbo* deber *se refiere a posibilidad, va seguido de la preposición de: ¿Quién dejó esta ta? Debe de haber sido tu padre. Por lo contrario; cuando se refiere a obligación (como en los ejemplos la lista anterior), no va seguido de dicha preposición.*

6 *A menos que ya se haya repetido y quieras expresar tu deseo de que no ocurra una vez más.*

CÓMO NO SE DICE	CÓMO SÍ
la niña que siempre le duele la cabeza	la niña a la que siempre le duele la cabeza
como puede ser, no puede ser	como puede ser, puede no ser
puede ser y no puede ser	puede ser y puede no ser
se solicitan personas de ambos sexos	se solicitan hombres y mujeres
a *grosso modo*	*grosso modo*
vamos haber qué pasa	vamos a ver qué pasa

VERBOS

CÓMO NO SE DICE	CÓMO SÍ
financía, financías, financían	financia, financias, financian
se diferencía	se diferencia
espero que se coza bien la sopa	espero que se cueza bien la sopa
no lo forzo a hacerlo	no lo fuerzo a hacerlo

CÓMO NO SE DICE	CÓMO SÍ
no forces la tuerca	no fuerces la tuerca
en esa olla se coce bien la sopa	en esa olla se cuece bien la sopa
eso nadie lo podía preveer	eso nadie lo podía prever
el observatorio prevee buen tiempo	el observatorio prevé buen tiempo
el plomero solda	el plomero suelda
ayer veniste a buscarme	ayer viniste a buscarme
ayer venimos a verte	ayer vinimos a ***verte***[7]

— **7** ***Venimos a verte*** es correcto si se habla en presente. *Hoy venimos más prepara*

CÓMO NO SE DICE	CÓMO SÍ
liderear	liderar
satisfaceré	satisfaré
si satisfaciera sus necesidades	si satisficiera sus necesidades
él satisfació	él satisfizo
camuflagear	camuflar
el camaleón se camuflageó	el camaleón se camufló
hoy inicia el festival	hoy se inicia el festival

El ejercicio (y a la vez juego) que te propongo ahora consiste en que escojas la definición correcta de la palabra inicial. Al final, al indicarte la respuesta acertada, en todos los casos te pondré como ejemplo un refrán u otra expresión popular que incluya la palabra en cuestión.

¿Qué quiere decir...?

1. Agazapar(se).

a) Cometer un error al escribir.

b) Cubrirse del frío con una frazada.

c) Escavar con zapapico y pala.

d) Ponerse alguien detrás de algo para ocultarse haciéndose pequeño.

2. Aguzar.

a) Emitir la voz de manera gutural.

b) Referido a inteligencia, atención, oído, vista, etcétera, aplicarlos con intensidad para percibir con ellos lo más posible.

c) Defraudar.

d) Ser oportunista.

¿Qué quiere decir...?

3. Ajonjolí.

a) Tubérculo o raíz nutritiva y de excelente sabor.

b) Semilla comestible de una planta oleaginosa también llamada sésamo.

c) Roca enorme y lisa.

d) Especia de sabor muy picante que se usa para preparar salsas.

4. Arrimarse.

a) Acercarse a alguien buscando apoyo o protección material o moral.

b) Inscribirse en un concurso.

c) Acobardarse.

d) Comer en exceso o con ansiedad.

5. Botica.

a) Lugar en donde se venden objetos rematándolos.

b) Prenda de vestir propia de las niñas.

c) Adorno metálico en trajes antiguos de gala.

d) Farmacia, establecimiento donde se hacen medicinas.

¿Qué quiere decir...?

6. Chirrión.

a) Parte de la cola de los reptiles saurios.

b) Instrumento que sirve para enhebrar agujas.

c) Látigo fuerte de cuero.

d) Madriguera de los castores.

7. Cuesta.

a) Trozo en pendiente de algún camino o carretera.

b) Látigo de los domadores de fieras.

c) Bebida refrescante extraída del coco.

d) Enfermedad grave y crónica.

8. Garabato.

a) Escritura antigua.

b) Herramienta usada en mecánica de coches.

c) Artefacto de hierro con varias puntas en forma de semicírculo que sirve para colgar la carne.

d) Artefacto inservible.

¿Qué quiere decir...?

9. Horma.

a) Esquema dibujado y recortado para uso de modistas.

b) Empaque de hule para evitar fugas de agua al unir tubería.

c) Regla, ley.

d) Molde que se emplea para dar forma a algo sobre él (particularmente al calzado).

10. Sepultura.

a) Cicatriz resultante de una operación quirúrgica.

b) Hoyo o cualquier otro lugar en que se entierra a un muerto.

c) Honor a un héroe de la patria.

d) Obra de un escultor.

Soluciones con ejemplo

1. ⇨ **d)** *Amigo reconciliado, enemigo agazapado.*

2. ⇨ **b)** *La necesidad aguza el ingenio.*

3. ⇨ **b)** *Es ajonjolí de todos los moles.*

4. ⇨ **a)** *El muerto y el arrimado a los tres días apestan.*

5. ⇨ **d)** *De todo, como en botica.*

6. ⇨ **c)** *Me salió el chirrión por el palito.*

7. ⇨ **a)** *No hay cuesta arriba sin cuesta abajo.*

8. ⇨ **c)** *Con un ojo al gato y otro al garabato.*

9. ⇨ **d)** *Cada quien halla la horma de su zapato.*

10. ⇨ **b)** *Genio y figura hasta la sepultura.*

ALGO
SOBRE LOS
REFRANES

Y ya que tocamos este tema, continuemos con la diversión sin salirnos de él. El típico refrán consta de dos partes llamadas hemistiquios, a veces separadas por una coma.

A fuerza, ni los zapatos entran.

Al que nace pa' tamal, del cielo le caen las hojas.

Al que a buen árbol se arrima,
buena sombra le cobija.

PRINCIPIO Y FINAL DE REFRANES

La primera parte puede ser un sujeto, una condición o una situación general, y la segunda, una consecuencia de la primera.

El que es buen gallo / donde quiera canta.

Árbol que nace torcido / jamás su tronco endereza.

Cuando el río suena / es porque agua lleva.

REFRANES TERGIVERSADOS

– Ponlos en orden

Para el siguiente juego que es a la vez un acertijo, intercambié las segundas partes de los refranes unas con otras, dejándolas intencionalmente en desorden y con un significado incorrecto y a veces chusco. Entonces, para resolver el ejercicio, escribe en la línea el número que tenga la terminación correcta del refrán, como en el ejemplo.

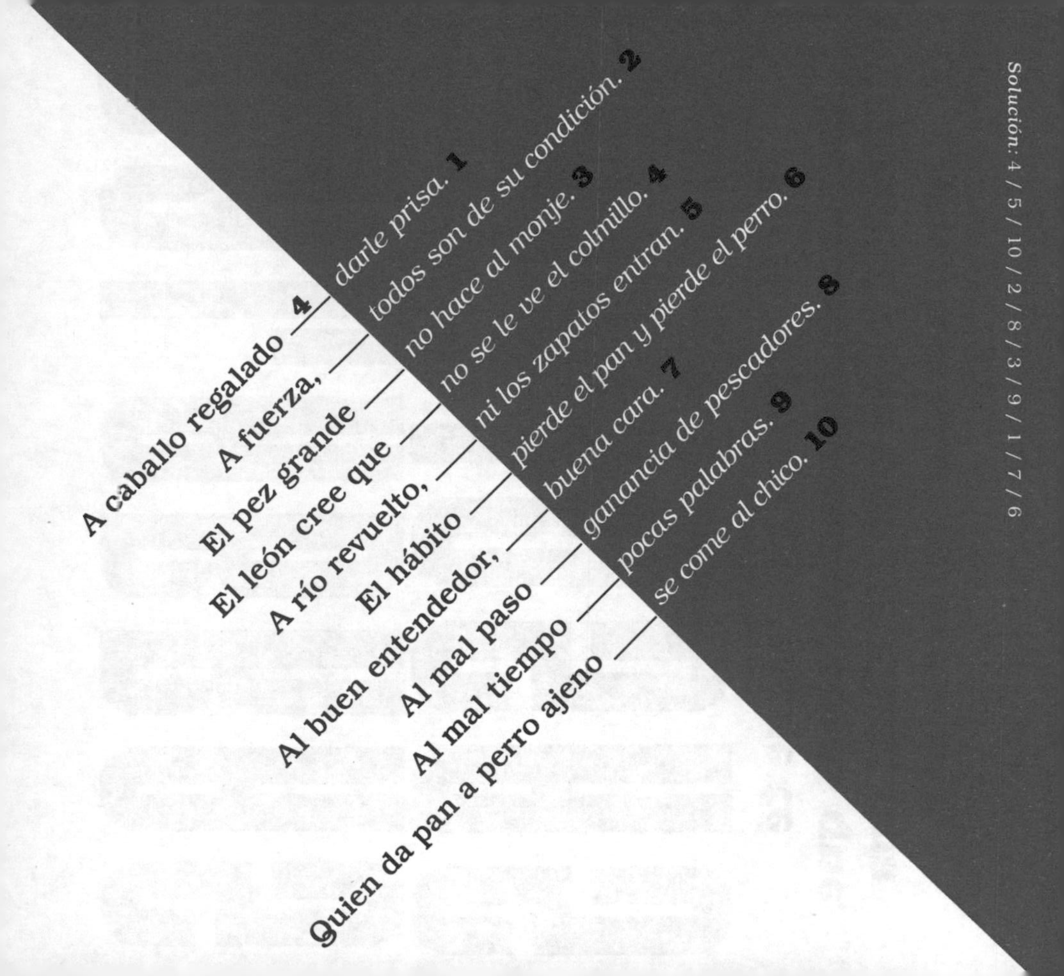
A caballo regalado 4
A fuerza,
El pez grande
El león cree que
A río revuelto,
El hábito
Al buen entendedor,
Al mal paso
Al mal tiempo
Quien da pan a perro ajeno
darle prisa. 1
todos son de su condición. 2
no hace al monje. 3
no se le ve el colmillo. 4
ni los zapatos entran. 5
pierde el pan y pierde el perro. 6
buena cara. 7
ganancia de pescadores. 8
pocas palabras. 9
se come al chico. 10
Solución: 4 / 5 / 10 / 2 / 8 / 3 / 9 / 1 / 7 / 6

PALABRAS CURIOSAS

En la sección que sigue te mostraré algunas palabras que tienen, cada una de ellas, una peculiaridad interesante.

PALABRAS YUXTAPUESTAS

Varias palabras en una

Hay palabras muy curiosas porque están compuestas de otras varias, de manera tal que una sola de aquéllas parece que dijera una oración o casi lo hace.

Por ejemplo, la palabra

nomeolvides,

nombre de una flor, evidentemente se forma de la frase "no me olvides". ¿Quién le habrá puesto el nombre? ¡Probablemente alguien muy enamorado que se la quería regalar a su prenda amada!

o

correveidile,

palabra que casi nos cuenta un cuento: *corre, ve y dile*. Los diccionarios nos dicen que con la palabra *correveidile* se designa a una "persona que es aficionada a contar chismes, que va enterándose de cosas privadas de unos y contándoselas a otros". *Fulanito es un correveidile*. Son palabras más o menos largas, muchas de las cuales hasta incluyen un verbo.

Acerca del vocablo:

bienmesabe

(bien me sabe). El DRAE nos dice que se trata de un dulce hecho con claras de huevo, del que se deriva el *merengue*. En Chiapas se conoce el *bienmesabes* (observa que en este caso, al nombrarlo, nos dirigimos a él mismo), que es un sabroso pan dulce.

Hay palabras yuxtapuestas muy usuales –cuando menos en México– cuyo significado es muy claro, y son pintorescas y bonitas. Aun cuando no estén en el diccionario, merecen ser conocidas. En seguida te presento varias de éstas:

La palabra

espantasuegras

(juguete muy conocido en México) no aparece en el DRAE, aunque sí aparece el vocablo *matasuegras*, **con la siguiente definición:** *Tubo enroscado de papel que tiene un extremo cerrado, y el otro terminado en una boquilla por la que se sopla para que se desenrosque bruscamente el tubo y asuste por broma.*

La única diferencia entre el juguete definido por el DRAE (matasuegras) y el mexicano (espantasuegras) es que este último tiene en un extremo una punta metálica similar a un alfiler y ¡cuidado porque sí te pica! Nota que la versión mexicana del juguete es un poquito más agresiva, por su punta metálica. Sin embargo, su nombre expresa que sólo se quiere espantar a la susodicha suegra, en cambio el nombre español, ***matasuegras...***

¡UN
CUIDADO

Hay un insecto llamado

cara de niño

que, por su apariencia, a algunas personas les produce horror y le han achacado el infundio (entre otros) de que es venenoso y puede poner en peligro de muerte a un ser humano.

Eso es totalmente falso; en realidad es inofensivo y, por lo contrario, es benéfico, pues, como vive bajo tierra, con su horadación permite el aireamiento de ésta y así ayuda al crecimiento sano de las plantas.

El nombre de este animalito es *cara de niño*, de tal manera que podemos decir: *"Ahí está un cara de niño"* **o** *"¿Les tienes miedo a los cara de niño?"*

En las frases anteriores usamos la locución *cara de niño* **como un sustantivo y me parece raro que el diccionario de la RAE no consigne la voz *carade niño*, así, como palabra yuxtapuesta, como sí lo hace en el caso de algunos de los ejemplos anteriores:** *nomeolvides*, *metomentodo*, *correveidile*, **etcétera.**
No consignado en el DRAE.

He aquí otros ejemplos de las palabras resultantes de la unión de varios términos

Buscapleitos.

Su nombre lo dice todo.

Enhorabuena.

Felicitación.
Le di la enhorabuena por su cumpleaños. Aprobaste tu examen; ¡enhorabuena!

Hazmerreír.

El DRAE nos dice: "Coloquialmente, persona que por su figura ridícula y porte extravagante sirve de diversión a los demás". Yo agregaría que un hazmerreír es cualquier persona que hace el ridículo. ***Con tus tonterías fuiste el hazmerreír de la reunión.***

Matasanos.

Curandero o mal médico.

Metomentodo.

Entrometido.

Porsiacaso.

Alforja o saco pequeño en que se llevan provisiones de viaje. Tiene un significado similar al de itacate.

Tumbaburros.

En México coloquialmente se le dice así a un diccionario voluminoso.

Peoresnada.

En México se usa regularmente para designar de forma despectiva o burlona, o a manera de broma, a la pareja de alguien. *Rosita llegó a la fiesta con su peoresnada.*

Es evidente que se deriva de tres palabras: *peor, es, nada.* Por otra parte, Peor es Nada es una localidad chilena eminentemente rural que vive de la producción frutícola.

No consignado en el DRAE.[8]

— 8 Consignado en *Diccionario de mejicanismos* de Francisco J. Santamaría, con otras acepciones.

Rascacielos.

Proviene de dos voces: *rasca y cielos.* Es una palabra interesante porque en ella se usa el verbo rascar en sentido figurado. Seguramente tú no crees que de veras el edificio, con su azotea va a rascar el cielo. El DRAE lo define como edificio de gran altura y muchos pisos.

Persona que presume de sabio sin serlo. **Sabelotodo.**

Salsipuedes.

Con este nombre se designan lugares en varios países: Argentina, Chile, Colombia y Uruguay.

En México, Canal Salsipuedes o canal de Salsipuedes, es un estrecho marino situado en aguas del golfo de California, entre la península de Baja California y la isla San Lorenzo.

Recibe su nombre debido a que, en ocasiones, sus corrientes forman una especie de remolino que dificulta la navegación.

Asimismo, en Tabasco hay unos pantanos llamados De Centla, reserva ecológica muy importante.

Allí hay un parador turístico en el que se ve un letrero que dice "Salsipuedes", y el letrero mismo está desprendido y cuelga chueco (salvo que ya lo hayan arreglado).

A dicho parador el nombre le viene de que hay allí una zona de cultivos a los que sólo se accede por un canal que permite la navegación en lanchas cuando la marea está alta; pero si los que allí se internan se descuidan y son sorprendidos por la marea baja, se encuentran con que la sequedad del canal ya no permite a sus lanchas navegar y se tienen que quedar a dormir ahí para salir al día siguiente.

No consignado en el DRAE.

Aguafiestas.

Persona que turba cualquier diversión o regocijo.

No consignado en el DRAE.

Tentempié.

Coloquialmente, refrigerio informal.

Tentetieso.

Muñeco de materia ligera, o hueco, con un contrapeso en la base y que tras ser inclinado en cualquier dirección vuelve siempre a la posición vertical.

Trepatemico.

Juguete de madera, existente en Chiapas. Representa un chango o un muñeco sostenido entre dos tablitas largas unidas por otra corta y sujeto por un cordel doble, de manera que al apretar los extremos de las tablitas largas el muñeco gira como si echara maromas.
No consignado en el DRAE.

Tepito.

Barrio emblemático de la Ciudad de México, uno de los más antiguos, ubicado en el norte, en las alcaldías Cuauhtémoc y Venustiano *Carranza.*[9]

Te preguntarás por qué aparece este nombre entre las palabras yuxtapuestas. Te diré por qué, originalmente se formó de dos vocablos: *te y pito* (del verbo pitar).

Una vieja crónica relata la historia de dos serenos (veladores, guardianes nocturnos del orden) que desempeñaban su trabajo en el área de lo que hoy es Tepito.

Desde aquel entonces era un barrio bravo y peligroso. Los dos serenos trabajaban habitualmente juntos, pero a veces se separaban para que su vigilancia abarcara más espacio. Entonces, como estaban provistos de sendos silbatos o pitos, un sereno decía al otro: *"Si veo algo raro o peligroso, te pito"*. Esa frase se hizo muy popular y llegó a darle nombre al barrio.

No consignado en el DRAE.

— 9

Al barrio de Tepito también se le ha llamado Barrio Bravo.

Hay siempre en él mercados de ocasión, ha sido cuna de muchos campeones de boxeo y es muy representativo de la cultura popular de la Ciudad de México.

Teporocho.

Persona indigente alcohólica que vaga por las calles. Puede alguien decir: *En las bancas de este parque duermen algunos teporochos*. **Como en el caso precedente podrás preguntarte por qué anotamos esta palabra entre las yuxtapuestas. Se trata de un caso similar al anterior: originalmente se formó de tres palabras:** *té, por, ocho*.

Se cuenta que a principios del siglo XX, en el mercado de La Merced, había quien de madrugada buscaba un lugar donde vendieran alguna bebida para *curarse la cruda*. **Una señora, con buena visión mercantil, empezó a ofrecer en su puesto tés de canela, de yerbabuena o de otras hierbas, con azúcar y un poquito de alcohol. Vendía estas inusitadas bebidas al precio de diez centavos. El negocio pronto prosperó. Al poco, otra expendedora cercana la imitó, ofreciendo las mismas solicitadas infusiones.**

La marchanta original, entonces, para competir y continuar con su próspero negocio, redujo el precio de su producto y puso el anuncio *Té por ocho centavos*.

Los desmañanados bebedores empezaron a usar frases como: *Vamos al té por ocho*. **Dado el precio tan bajo de estas pociones, aun no siendo de madrugada, acudían al famoso puesto personas muy pobres que tenían necesidad de ingerir cualquier bebida alcohólica.** ***A estas personas se les empezó a llamar*** *teporochos*.

No consignado en el DRAE.

FALSAS yuxtapuestas

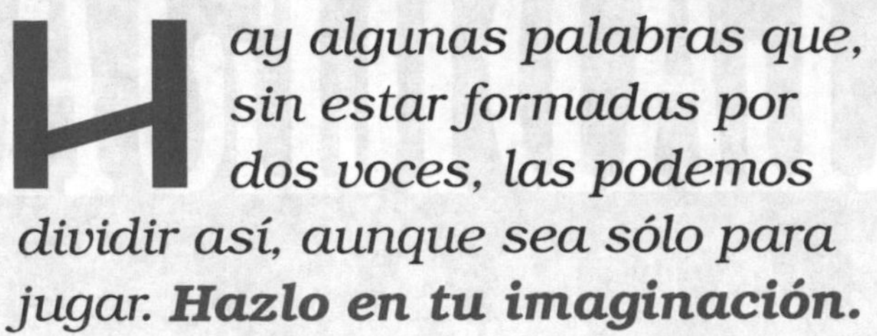

Hay algunas palabras que, sin estar formadas por dos voces, las podemos dividir así, aunque sea sólo para jugar. ***Hazlo en tu imaginación.***

Camaleón **caracol**

pancarta **rataplán**

marsopa **bocanada**

Cuernavaca

PALABREJAS 10

PALABRAS ALGO RARAS Y CHISTOSONAS

La única peculiaridad de las palabras (o palabrejas) que en seguida te muestro es que son un poco extrañas y a la vez divertidas; poseen cierta gracia (cuando menos a mí me lo parece) en su significado o sonido. Dado que son muchísimas, casi al azar escogí sólo unas cuantas que me parecieron interesantes.

— **10** *María Moliner, en su* Diccionario de uso del español, *nos dice que palabreja es una palabra rara, difícil o con alguna particularidad que la hace graciosa o ridícula.*

Por ejemplo, en México usamos ciertas voces para designar cualquier cosa, una cosilla rara, o algo cuyo nombre desconocemos o no nos viene a la cabeza en un momento dado.

chimistreta*

Pásame la chimistreta esa.

chimotreta*

Similar a chimistreta. Cri crí, en su canción *El fantasma*, dice: "... pero en *chimotretas* de imaginación, eso de fantasmas aquí terminó".

chafaldrana*

Término atribuido a los mecánicos mexicanos y que se supone que usaban para cobrar de más en sus reparaciones.

También se echó a perder la chafaldrana, y eso sí sale caro.

** No consignado en el DRAE.*

He aquí otras palabrejas:

Casualidad favorable.
¡Gané de pura chiripa!

Cuachalangar.

Gustar. *Ese plan me cuachalanga.* ***No consignado en el*** **DRAE.**

Descuajaringar.

Descomponer, desvencijar desunir algo.
Salí ileso de mi accidente en bicicleta, pero ésta quedó toda descuajaringada.

Currutaco(a).

Individuo muy pequeño o insignificante. Muy afectado en el uso riguroso de las modas. *Tu amiguito es un currutaco.*

Desconchinflar.

Descomponer. *¡Ya se desconchinfló tu triciclo!*

Petimetre(a).

Persona que se preocupa mucho de su compostura y de seguir las modas. Se deriva del francés. ***petit maître*** **'pequeño señor o señorito'**
Fulanito es un petimetre; dizque se viste al último grito de la moda.

Palabrería vacía de contenido. *El discurso de ese señor es puro blablablá.*

Desempance.

Acción de tomar una bebida alcohólica después de comer, que supuestamente contribuye a la buena digestión. *Compadre: lo invito a mi casa para tomarnos un desempance (o la del desempance).*
No consignado en el **DRAE.**

Ay ay ay.

Según el DRAE *es una interjección con que se expresan diversos sentimientos, especialmente los de aflicción y de dolor*; pero en realidad tiene otros significados, como verás en los siguientes ejemplos: *Ayayay, ahora sí se puso la cosa color de hormiga (muy difícil). ¡Ayayay, qué guardadito lo tenías, picarón!*

Abracadabra.

Palabra cabalística a la que se atribuyen cualidades mágicas, pero tú la puedes usar de broma cuando estés jugando a hacer “magias”. Hasta puedes decir: “¡Abracadabra, pata de cabra!”

Espiritutifláutico(a).

Muy delgado, muy flaco. Seguramente al asociarse su sonido con espíritu y con flauta, este adjetivo nos sugiere flacura. *Decías que tu amiga Pascuala estaba delgada; pues yo la vi de plano espiritutifláutica.* El DRAE consigna la voz espiritifláutica, un poco más corta, con la misma acepción.

Dimes y diretes.

Esta expresión se deriva de las formas del verbo *decir dime y direte (te diré).* Significan las diversas contestaciones y réplicas o chismes sobre cualquier tema, pero principalmente en algún altercado o discusión. *Entre dimes y diretes, las cosas se fueron complicando. La discusión de las dos vecinas, entre dimes y diretes, se prolongó por más de media hora. Andan en dimes y diretes sobre los amoríos de esta actriz.*

Palabra de uso coloquial que, aplicada a un objeto, significa *corriente, mal hecho. Ese aparato que compraste está muy chafa.* ***No consignado en el DRAE.***

Veitiúnico(a).

Voz coloquial que significa *único* (una unidad), pero da a entender burlona o irónicamente que una cantidad mayor sería conveniente. Se juega con las palabras *veintiuno* y *único*. *Fortunato, para ir a la fiesta, lavó su veintiúnica camisa y tuvo que esperar a que se secara; ¡Piensa!, ¡que trabaje tu veintiúnica neurona!*

Margallate.

Embrollo, enredo, confusión. *Desde el momento en que tu tía Concha intervino, el asunto se volvió un margallate.*

¡Cataplum!

Onomatopeya que se usa para expresar ruido, explosión o golpe. *Con tanta carga perdió el equilibrio y ¡cataplum!*

Antipanzolaza.

En mis años mozos, cuando asistía a la preparatoria, tuve la fortuna de tener como mentor en la clase de *Etimologías griegas y latinas del español*, al simpatiquísimo (y sabio) maestro Salvador Romero Sologuren. Recuerdo que cuando nos explicó la manera correcta de construir algún vocablo derivado de otro principal, por ejemplo, *panadería* –derivada de pan– o *grandísimo* –derivado de grande–, nos mostró también, luego de ilustrar el tema con varios ejemplos, una construcción incorrecta, y relató lo siguiente: "Tenía yo un amigo que dizque había inventado un medicamento para evitar la obesidad y bajar de peso; a su menjurje lo llamó ***Antipanzolaza***"

Chocomilería.

Sabemos que en una verdulería se venden verduras y en una panadería, pan; pero paseando por San Miguel Allende, quedé sorprendido al ver un puesto callejero, de esos construidos de tablas, que ostentaba el título *Chocomilería*, curiosa palabra que quería decir que ahí se vendían licuados hechos con *chocomilk* (marca comercial de un chocolate en polvo). *No consignado en el* DRAE.

REFRANES CAMBIADOS
–Corrígelos

Recuerda que los refranes son una rica fuente de sabiduría popular. En los siguientes, también sus segundas partes fueron intercambiadas...

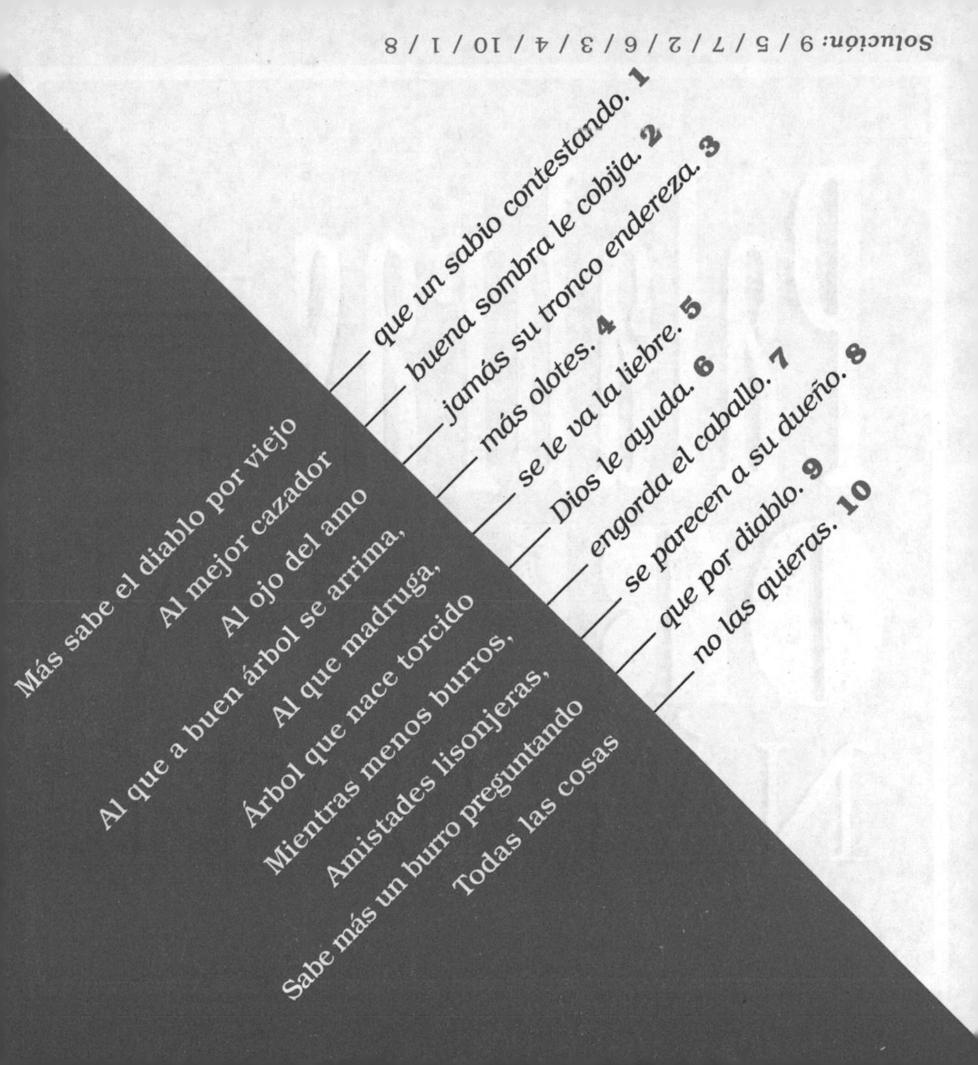

Más sabe el diablo por viejo
Al mejor cazador
Al ojo del amo
Al que a buen árbol se arrima,
Al que madruga,
Árbol que nace torcido
Mientras menos burros,
Amistades lisonjeras,
Sabe más un burro preguntando
Todas las cosas

___ *que un sabio contestando.* **1**
___ *buena sombra le cobija.* **2**
___ *jamás su tronco endereza.* **3**
___ *más olotes.* **4**
___ *se le va la liebre.* **5**
___ *Dios le ayuda.* **6**
___ *engorda el caballo.* **7**
___ *se parecen a su dueño.* **8**
___ *que por diablo.* **9**
___ *no las quieras.* **10**

Solución: 9 / 5 / 7 / 2 / 6 / 3 / 4 / 10 / 1 / 8

Palabras
DE
ORIGEN
NÁHUATL

¿Sabías que las conocidísimas palabras *chamaco*, *escuincle*, *tomate*, *cacahuate* vienen del náhuatl, que es el idioma que se hablaba (y aún se habla) en México desde antes de la llegada de los españoles?

Pues sí, hay palabras usuales en el español hablado hoy en México, que tienen una raíz náhuatl. Son muchas y enriquecen nuestro idioma. Casi todas ellas ya están consideradas en el DRAE. *En seguida te menciono algunas.*

Aguacate

De *ahuácatl*, aguacate. Fruto muy conocido del árbol del mismo nombre, generalmente en forma de pera, de ocho a diez centímetros de largo, con cáscara oscura, verde o casi negra y carne de color verde claro; muy sabroso, nutritivo y sano. El árbol es de la familia de las lauráceas, llega a medir unos quince metros de altura y tiene hojas siempre verdes.

Ajolote

De *atl*, agua y *Xólotl*, personaje mitológico que podía adoptar diversas formas para escapar de la muerte. **Anfibio de treinta centímetros de longitud aproximadamente. Puede conservar durante mucho tiempo la forma larvaria. Es endémico de la zona lacustre de Xochimilco, en México, y está en crítico peligro de extinción.**

Apapachar

De *pachoa*, apretar o acercar algo a uno mismo. **Demostrar cariño y dar protección, dar *apapachos*.**[11]

— **11** *Luis Cabrera dice que la forma correcta es* papachar, *a la cual se agrega innecesariamente el prefijo español* a. Diccionario de aztequismos, *p. 34.*

Apapacho

Demostración de cariño y protección con palmaditas o abrazos afectuosos.

Cacahuate[12]

De *cacáhuatl*, cacahuate. **Planta con tallo rastrero. También se llama cacahuate al fruto de ésta, el cual tiene semillas oleaginosas –comestibles después de tostadas–. Del fruto se obtiene crema y aceite.**

— **12** En España dicen *cacahuete*.

Campamocha

De *campa*, ¿dónde? y *mochan*, casa. **Insecto ortóptero que puede mimetizarse en las plantas donde se posa. Su nombre surge de un juego infantil que consiste en preguntarle al animalito "*¿dónde está tu casa?*", y éste parece contestar haciendo un movimiento peculiar con sus patas delanteras que parece indicar cierta dirección. Es más grande que el grillo. Por su aspecto, también se le llama** *mantis religiosa, santateresa o rezandera.*

ITACATE

De *ihtácatl*, provisión de comida que se lleva en un paquete o trozo de tela para un viaje o previendo que estará uno fuera de casa. **Además de conservar su significado original, esta palabra también se refiere a una porción de alimentos que el anfitrión de una comida obsequia a algún invitado para que la lleve a casa.**

Chamaco

De *chamahuac* o *chamactic*, crecido.
Niño o adolescente

Chapulín

De *chapollin*, *chapulín* o *saltamontes*. Insecto comestible de la familia de los acrídidos. Es un excelente alimento rico en tiamina y otras vitaminas, y es muy sabroso.

Chipote

De *xixipochtic*, hinchado, golpeado. Abultamiento que surge en la cabeza a causa de un golpe. También se le llama *chichón*.

Pienso que algunas palabras derivadas del náhuatl ya las conoces por ser muy usuales en México. En seguida te las menciono, con una o dos frases a manera de ejemplo:

Atole

Pasen a tomar atole.

Nos están dando atole con el dedo.[13]

Chípil*

Juanito se puso *chípil*, pues ya sintió que está próximo a nacer un hermanito.

Chuchuluco*

Gané poco dinero, pero cuando menos me alcanza para comprarme mis *chuchulucos*.

— **13** *Dar atole con el dedo significa engañar.*

*** *No consignado en el* DRAE.**

Chongo

La mamá dice a Juanita: "¿Quieres que te haga un *chongo* o prefieres que te peine de otro modo?"

Magdalena y Sofía se enojaron mutuamente y se agarraron del *chongo*.

El postre que más me gusta son los *chongos* zamoranos.

Chocolate

Ayer fue mi cumpleaños y me regalaron una caja de *chocolates*.

Para la cena habrá rico *chocolate* caliente.

Escuincle

¡Estate un rato quieto, *escuincle* del demonio!

Cocol

Compré dos bolillos, dos chilindrinas y un *cocol.*

–¿Cómo te fue en el examen?

–¡Del cocol!

Jitomate

Ponle a tu torta un poco de *jitomate.*

Tomate

La salsa de *tomate* está muy picosa pero rica.

Molcajete

Para preparar la salsa verde,
molí tomate en el *molcajete.*

Chiquigüite

Pon las tortillas en el *chiquigüite.*

Huauzontle

Te recomiendo que comas hoy en el restaurante *Rico sazón*, pues hay, como plato fuerte, huauzontle capeado.

Machincuepa

Gilbertito ya tiene dos años; ya se sabe echar sus buenas *machincuepas*.

Manuel iba corriendo pues tenía prisa, y dio la *machincuepa*; lo bueno es que no se lastimó.

Quise apuntar aquí sólo unos pocos términos derivados del idioma náhuatl que usamos frecuentemente; pero si quieres conocer muchos más, te recomiendo que leas el *Diccionario del náhuatl en el español de México*, coordinado por Carlos Montemayor.[14]

— **14** *Carlos Montemayor, Diccionario del náhuatl en el español de México, Universidad Nacional Autónoma de México y Gobierno del Distrito Federal.*

COINCIDENCIA

LA PARTÍCULA TEO

Es algo sorprendente que ***teo****, partícula derivada del náhuatl y* ***teo****, partícula derivada del griego signifiquen dios.*

La partícula *teo* en algunas palabras provenientes del náhuatl como *teocali* o Teotihuacán es una simplificación de *teotl*, dios.[15] Curiosamente la partícula *teo* en palabras derivadas del griego, como *teología* (tratado sistemático de la existencia de Dios) o *teocracia* (gobierno ejercido por la clase sacerdotal de un país) deriva, a su vez, de *theós*, dios.

— **15** Teocalli. *Templo. De* teotl, *dios y* calli, *casa. Teotihuacán. De* teotl, *dios;* ti *partícula de liga;* hua, *partícula de posesión; y* can, *partícula de locación. Teotihuacan.*

En el siguiente ejercicio las palabras, cuyo significado se ha de elegir, son vocablos del español hablado en México, incluidos en el diccionario de la Real Academia Española, todos derivados del idioma náhuatl.

1. Ajolote.

a) Piedra tallada para molcr el maíz u otros alimentos.

b) Larva de las ranas.

c) Animal anfibio del grupo de las salamandras.

d) Hilera de magueyes que separa terrenos.

2. Chahuistle.

a) Hongo microscópico que daña a las gramíneas.

b) Cesto pequeño hecho de palma o mimbre.

c) Pájaro de plumaje negro y brilloso que emite un canto fuerte.

d) Semilla comestible del durazno o del melocotón.

3. Chipote.

a) Chile muy picante que se da en Tierra Caliente.

b) Tubérculo comestible parecido a la papa.

c) Pequeño tubo de plástico para facilitar el beber.

d) Pequeño abultamiento que surge en la cabeza a causa de un golpe.

4. Choya.

a) Manto negro corto.

b) Semilla de la salvia columbaria.

c) Cabeza humana.

d) Semilla leguminosa comestible.

¿Qué quiere decir...?

5. Machincuepa.

a) Palabra rebuscada y engañosa.
b) Gruta muy extensa.
c) Insecto hemíptero parecido a la cigarra.
d) Maroma o voltereta que se realiza apoyándose con las manos.

6. Olote.

a) Masa para elaborar tamales de dulce.
b) Barra cilíndrica central de la mazorca del maíz.
c) Alimento de ratas y ratones de campo.
d) Juguete de madera para niños muy pequeños.

7. Petate.

a) Lazo fuerte trenzado con ixtle.
b) Estera tejida con tallos de tule o con palma fina.
c) Canaleta elaborada con mimbre.
d) Tapete creado y pintado por artesanos chinos.

¿Qué quiere decir...?

8. Pinole.

a) Harina, polvo de maíz tostado.
b) Comida caldosa y picosa de algunos pueblos indígenas.
c) Platillo preparado con habas secas.
d) Juguete giratorio de madera.

9. Tepache.

a) Condimento para ensaladas verdes, principalmente de espinacas o berros.
b) Salsa compuesta de aceite, cebolla y ajo.
c) Bebida fermentada hecha de cáscaras de piña y endulzada con piloncillo.
d) Líquido fabricado con diversos tipos de vinagre.

10. Tejolote.

a) Piedra de río muy frágil y porosa.
b) Animal que habita en algunos ríos del sureste de México.
c) Ave nocturna de rapiña.
d) Trozo redondeado de piedra con que se muele manualmente en el molcajete.

Soluciones con ejemplo

1. ⇨ **c)** *Cuando se revuelve el agua, cualquier ajolote es bagre.*

2. ⇨ **a)** *¡Ya me cayó el chahuistle! Caerle a alguien el chahuistle significa que surgió algo que le ocasionará algún perjuicio.*

3. ⇨ **d)** *¡No respondo chipote con sangre, sea chico o sea grande!*

4. ⇨ **c)** *Ya no te quiebres la choya. Ya no te quiebres la cabeza.*

5. ⇨ **d)** *Querer echar machincuepas en casa de maromeros. Querer presumir de algo frente a expertos.*

6. ⇨ **b)** *Mientras menos burros, más olotes.*

7. ⇨ **b)** *Sólo quiere asustar con el petate del muerto.*

8. ⇨ **a)** *No se puede chiflar y comer pinole.*

9. ⇨ **c)** *¡Ya regó el tepache! "Regar el tepache" significa cometer un error.*

10. ⇨ **d)** *Se mueve como tejolote en molcajete. Moverse como tejolote en molcajete significa moverse mucho.*

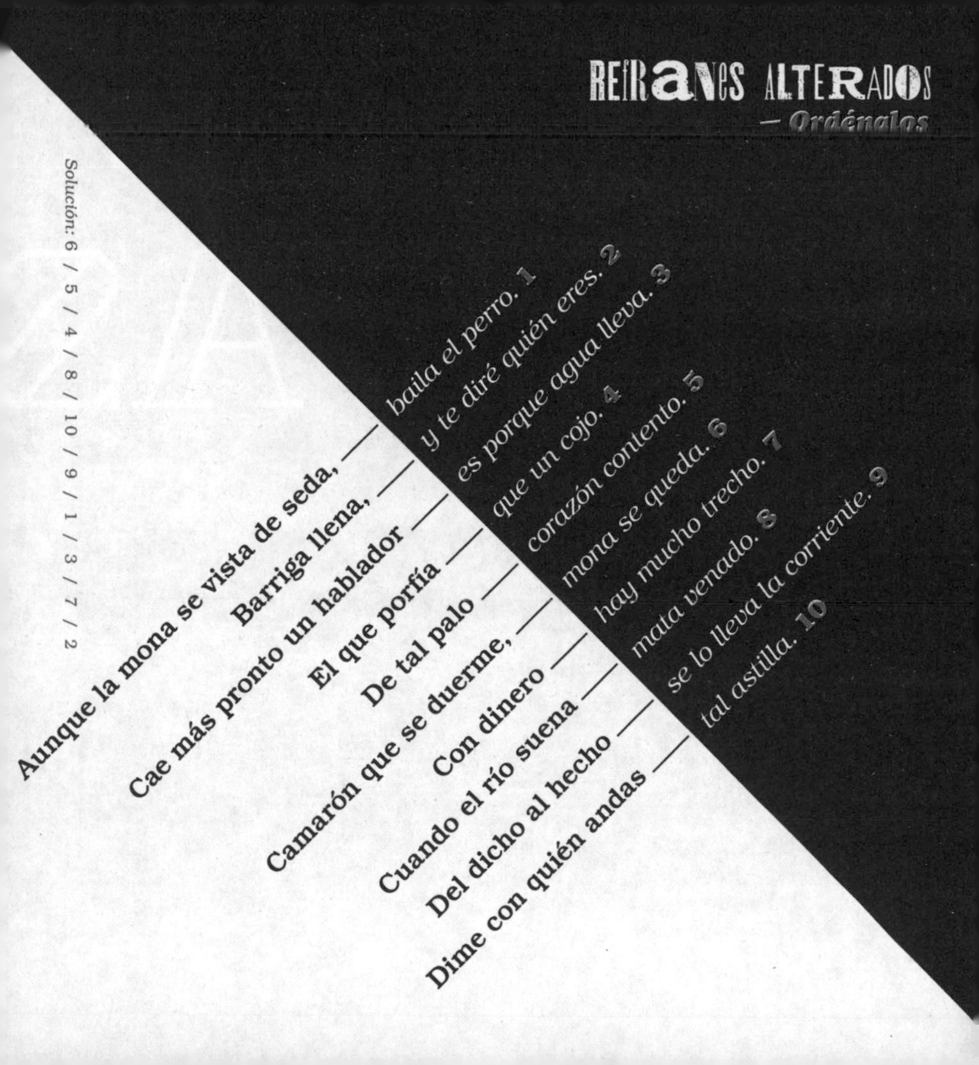

REFRANES ALTERADOS

– Ordénalos

- Aunque la mona se vista de seda, ____
- Barriga llena, ____
- Cae más pronto un hablador ____
- El que porfía ____
- De tal palo ____
- Camarón que se duerme, ____
- Con dinero ____
- Cuando el río suena ____
- Del dicho al hecho ____
- Dime con quién andas ____

1. baila el perro.
2. y te diré quién eres.
3. es porque agua lleva.
4. que un cojo.
5. corazón contento.
6. mona se queda.
7. hay mucho trecho.
8. mata venado.
9. se lo lleva la corriente.
10. tal astilla.

Solución: 6 / 5 / 4 / 8 / 10 / 9 / 1 / 3 / 7 / 2

PALABRAS NUEVAS

(informática y comunicación)

ACTUALMENTE, EN EL ÁMBITO DE INTERNET Y LAS REDES SOCIALES, MUCHOS VOCABLOS HAN SURGIDO Y SE HA CREADO ASÍ TODA UNA JERGA INFORMÁTICA. APUNTARÉ EN SEGUIDA ALGUNAS DE ESTAS VOCES.

Muchas de las palabras siguientes, aunque casi en su totalidad derivan de un idioma extranjero, ya son aceptadas en el nuestro, por lo que no es necesario escribirlas con letras cursivas. Por cierto, muchas de ellas están incluidas en el diccionario de la Real Academia Española.

blog.

Del inglés *blog**. Sitio web o bitácora que incluye, a manera de diario personal de su autor o autores, asuntos de su interés, actualizados y a menudo comentados por lectores. *Juan actualiza muy seguido su blog.*

Derivados:

Bloguear. Escribir en un blog.

Bloguero. Persona que escribe en un blog.

* El término en inglés *blog* proviene de *web log* (bitácora web o bitácora en la red).

Meil.

Del inglés *mail*, correo. Carta virtual que se puede mandar de una computadora a otra. *Si no puedes acudir a la cita, avísame por meil.*

No consignada en el DRAE.

Gugl.

Del inglés *google*. Buscador de páginas web en internet (y el más popular por el momento).

Derivado:

Guglear. Buscar algo con el motor de búsqueda Google*.

¿Acostumbras guglear para enterarte de las cosas que te interesan?

* Google. Compañía estadunidense cuyo producto principal es un motor de búsqueda en Internet. También se le llama así al buscador mismo.

No consignada en el DRAE.

Ratón.

Pequeño aparato manual conectado a una computadora, que sirve para mover el cursor de la misma y así dar órdenes. *El ratón que uso es muy cómodo, se adapta muy bien a mi mano.*

Internauta.

Persona que navega por internet

Link.

Anglicismo. Véase vínculo.

No consignada en el DRAE.

Chat.

Del inglés *chat*; propiamente charla. Intercambio de mensajes electrónicos en tiempo real a través de internet que permite establecer una conversación entre dos o varias personas. Este intercambio puede incluir sonido e imagen.

Derivado:

Chatear. Verbo derivado de *chat* cuyo significado se puede deducir.

Mi sobrina emplea mucho tiempo chateando con sus amigos.

Trol.

Del noruego *troll*. Ser sobrenatural y maligno que habita en bosques o grutas. En informática se le dice *trol* a un individuo que publica mensajes provocadores u ofensivos con la intención de molestar o inducir a alguien a una respuesta visceral o negativa.

Derivado:

Trolear. Ejecutar la acción de *trol*.

No consignada en el DRAE con esta acepción.

Postear.

Anglicismo que viene del verbo inglés *to post*, que significa, entre otras cosas, *exponer*. Se usa para referirse a publicar algo en internet ya sea una entrada de blog, un comentario, etcétera.

No consignada en el DRAE con esta acepción.

Maus.

Del inglés *mouse*. Véase *ratón*.

No consignada en el DRAE.

Página web.

Ver *web*.

Facebook. Una de las primeras y más grandes redes sociales. Las personas que se registran en este sitio pueden conocer cualquier información que otros usuarios (*amigos*) hayan puesto. Así, por ejemplo, permite comunicarse con personas con las cuales se había perdido contacto. Actualmente esta plataforma se está expandiendo considerablemente para ofrecer más prestaciones.

Por Facebook me enteré de que se va a casar tu hermano.

No consignada en el DRAE.

Hardware. (***palabra inglesa aceptada por el*** **DRAE** ***–su pronunciación aproximada en español sería*** *járdgüer–*). Conjunto de aparatos y elementos físicos que constituyen una computadora. *Le pedí al técnico que revisara el hadware de mi computadora.*

Internet. Del inglés *internet*. Red informática mundial, descentralizada, formada por la conexión directa entre computadoras mediante un conjunto de protocolos especiales (reglas) de comunicación. A internet están conectadas centenares de millones de personas, organismos y empresas en todo el mundo. Su creación fue uno de los sucesos más importantes de la historia de la informática. *Personas de todo el mundo usan internet.*

Módem.

Anglicismo que se refiere a un dispositivo que convierte las señales digitales en analógicas. Es un acrónimo de las palabras en inglés *modulator* y *demodulator*. El módem permite conectar computadoras por medio de una llamada telefónica, a través de procesos denominados modulación (para transmitir información) y demodulación (para recibir información).

En otras palabras, modula los datos digitales para hacer posible su transmisión por líneas telefónicas convencionales, para después, a su llegada, remodularlos.

Revisa tu módem.

Navegar.

Explorar, desplazarse a través de una red o de un sistema informático en busca de información para conocer o investigar algún tema. *Se informa hasta comprender cada tema, navegando por internet.*

Web.

Del inglés *web*; propiamente *red, malla*. Red, estructura informática. Puede usarse simplemente la palabra *red*.

La web ha evolucionado y hoy permite que los usuarios participen y contribuyan en su contenido.

Onlain.

Del inglés *on line*. Anglicismo que se puede traducir como *en línea* o bien *en la red*. Es estar conectado a la red. Se usa, por ejemplo, para referirse a alguien que está navegando en la red. *Juan está* on line.

También se refiere a los documentos, gráficas u otros elementos que se comparten con diferentes usuarios; cursos de idiomas; música; películas; videos, que se pueden ver a través de la red; reservaciones en restaurantes, que se pueden hacer; etcétera.

Últimamente he visto películas on line *en un blog muy bueno que encontré.*

No consignada en el DRAE.

Realidad virtual.
Representación de escenas, situaciones o imágenes de objetos producida por un sistema informático, que da la sensación de su existencia real.

Aunque las palabras por separado de esta locución no son nuevas, el concepto aquí apuntado sí es de reciente aceptación. *Esa empresa comercializa visores de realidad virtual económicos.*

Red social.
Plataforma digital de comunicación global que pone en contacto a gran número de usuarios; como *feisbuc, tuiter, etcétera.*

Las redes sociales actualmente constituyen un poderoso medio de comunicación.

Vínculo.
Enlace o conexión lógica de un documento a otro o a otros. Es un apuntador que sirve para saltar de una información a otra o de un servidor web a otro.

Para que veas el video que te digo te voy a mandar el vínculo.

Tóner.
Pigmento utilizado en la impresión láser, en forma de polvo extraordinariamente fino. Para producir la imagen, el tóner se deposita en el papel y es posteriormente fundido con éste mediante calor.

Ya no pude seguir imprimiendo, pues se me acabó el tóner.

WhatsApp.
Red social muy popular que se usa preferentemente en teléfonos celulares.

Probablemente el WhatsApp ya es más usado que el Twitter.

No consignada en el DRAE.

Twitter.

Es una red social constituida por una página web en la que los internautas (usuarios que están registrados) intercambian información personal y contenidos multimedia de modo que crean una comunidad de *amigos* virtual e interactiva.

Todos y cada uno de los internautas pueden tener su propia página en donde escriben lo que quieran, pero cada mensaje tiene un límite relativamente bajo de caracteres.

Los usuarios tienen la opción de *seguir* a cualquier persona y leer sus comentarios. Por ejemplo, artistas de cine y farándula se comunican por este medio con el público en general, y a veces millones de personas los *siguen*.

¿Tienes cuenta de Twitter?

No consignada en el DRAE.

Sitio web.

Conjunto de páginas web agrupadas bajo un mismo dominio de internet y organizadas jerárquicamente. Usualmente comparten un mismo tema e intensión.

Un sitio web tiene más amplitud que una página web.

Página web.

Agrupamiento de informaciones que se muestran en una pantalla o documento electrónico, capaz incluir textos, contenidos audiovisuales, programas y enlaces con otras páginas.

Ese grupo musical tiene una página web muy atractiva.

Tableta

Del inglés *tablet*. Dispositivo electrónico portátil con pantalla táctil, que tiene múltiples usos y prestaciones. En realidad no es una nueva palabra, pero ahora tiene una nueva acepción.

¿Llevarás al viaje tu tableta?

Jaquear.

Del inglés *hack*; cortar o trozar con hacha. Violar la protección que implica la contraseña u otras formas de seguridad de una cuenta personal, comercial, etcétera, de internet; para, ilegalmente, conocer información. Véase jáquer. Tuve que cambiar la clave de mi correo, pues me la jaquearon.

No consignada en el DRAE.

Derivado:

Jáquer. Quien ejecuta la acción de jaquear.

El DRAE consigna el término hacker, como pirata informático.

Sitio web.

Véase *web*.

Tweet.

Mensaje digital que se envía a través de la red social *Twitter*.

Me gusta ver tuits que hablan de actrices clásicas del siglo pasado.

Derivados:

Tuitear. Enviar tuits.

Tuitero. Persona que tuitea.

Retuitear. Reenviar un tuit a una o varias personas.

Software.

Conjunto de programas, procedimientos y reglas asociado a un sistema informativo.

(palabra inglesa aceptada por el DRAE —su pronunciación aproximada en español es sóftgüer—).

María Moliner nos dice: "Pleonasmo es una figura de construcción que consiste en el empleo de palabras innecesarias para el sentido cabal de la expresión...".[16]

Pleonasmos

Si enunciamos una frase con palabras que sobran porque repiten innecesariamente una idea, como ***voy a entrar para adentro*** (al decir entrar no necesitamos decir para adentro), estamos diciendo un pleonasmo. Por lo general, los pleonasmos se consideran errores, pero hay algunos que se admiten. La palabra pleonasmo se deriva del latín *pleonamus*, palabra que a su vez procede del griego pleonasmós, de pleon más, demasiado.

— 16

María Moliner, *Diccionario del uso del español* (H-Z), Gredos, p. 781.

Por ejemplo: *A causa del accidente, estaba padeciendo una hemorragia de sangre.* En esta oración, no se necesita decir de sangre, puesto que todas las hemorragias son de sangre y, por eso, dicha frase se considera errónea. *Salir para afuera* es otro pleonasmo. Agregar *para afuera* no aporta nada. También se considera erróneo.

Sin embargo, el pleonasmo puede añadir fuerza, claridad, expresividad o gracia al lenguaje, por lo cual a veces se admite.

Si alguien dice: *Llévale esta carta al señor juez, pero se la das en su propia mano*, puede pensarse que bastaba con decir: *Llévale esta carta al señor juez, pero se la das en su mano*; o aún con menos palabras: *Llévale esta carta al señor juez, pero se la das.* Sin embargo, la primera de las tres oraciones tiene más fuerza y expresividad. Se trata de un pleonasmo admitido.

El pleonasmo puede ser un recurso estilístico que aporta belleza, como en el caso de la siguiente estrofa que es parte del romance tradicional "El enamorado y la muerte":

El enamorado y la muerte

Te echaré cordón de seda
para que subas arriba;
y si el hilo no alcanzare,
mis trenzas añadiría.

Observa, además, que logra la adecuada métrica y la rima del verso.

En *Cantar de los cantares*, atribuido a Salomón, el primer verso, en voz de la amada, dice:

¡Que me bese con besos de su boca!

Ejemplos de pleonasmos admisibles o correctos:

Lo vi con mis propios ojos.
Lo escribió de su puño y letra.
Se lo das en su propia mano.
Cállate la boca.
Voló por los aires.
Cayó escaleras abajo.
Nunca jamás.

Otros son meras repeticiones que no añaden nada a lo dicho o escrito. Constituyen errores y es muy conveniente evitar su uso. A continuación te muestro varios ejemplos de ellos:

Pleonasmo	*Comentario*
accidente fortuito	– Todos los *accidentes* son *fortuitos*; suceden inopinadamente.
anécdota auténtica	– Si no es *auténtica* no es *anécdota*; quizá sea cuento.
aterido de frío	– Aterido significa *pasmado de frío*.
avanzar hacia adelante	– No puede haber avance hacia atrás; eso sería *retroceso*.
autosuicidio	– El prefijo *auto* entraña la idea de *uno mismo*, al igual que *sui*, raíz latina; *suicidio* significa *darse muerte uno mismo*. La palabra *autosuicidio*, como es natural, no aparece en ningún diccionario. Es curioso que con una sola palabra se forme un pleonasmo.
crespón negro	– Por definición, un *crespón* es una tela negra. Se usa en señal de luto.

Pleonasmo	*Comentario*
Erario público	– Lo *público* ya está en la definición de *erario.*
Error involuntario	– No puede haber *errores voluntarios.*
Funcionario público	– Todo *funcionario es público.*
Hemorragia de sangre	– Basta con decir hemorragia, pues esta voz significa *flujo de sangre por rotura de vasos sanguíneos.*
Lava volcánica	– La *lava* siempre es *volcánica.*
Macedonia de frutas	– *Macedonia* significa *ensalada de frutas.*
Mas sin embargo	– *Mas* y *sin embargo* son dos voces que significan casi lo mismo.[17]

—17 *Una expresión parecida que he escuchado y que resulta tan disparatada (pues no significa nada) qu constituye un ejemplo de humor involuntario es* mas sin en cambio.

Pleonasmo	*Comentario*
Mendrugo de pan	– Un mendrugo es un *pedazo de pan duro o desechado.*
Orillarse a la orilla	– Esta expresión atribuida a nuestros patrulleros se explica por sí sola.
Peluca postiza	– Solamente hay *pelucas postizas.*
Puño cerrado	– Al decir *puño*, ya está implícita la condición de *cerrado.*
Testigo presencial	– Todo *testigo* es *presencial.*
Tuerto de un ojo	– Es obvio que basta con decir *tuerto.*
Túnel subterráneo	– Un *túnel* es un paso *subterráneo.*
Uñero en la uña	– Obviedad que no necesita más comentario.
Volver a releer	– La palabra *re-leer* ya implica repetición.
Volver a repetir	– Comentario similar al anterior.

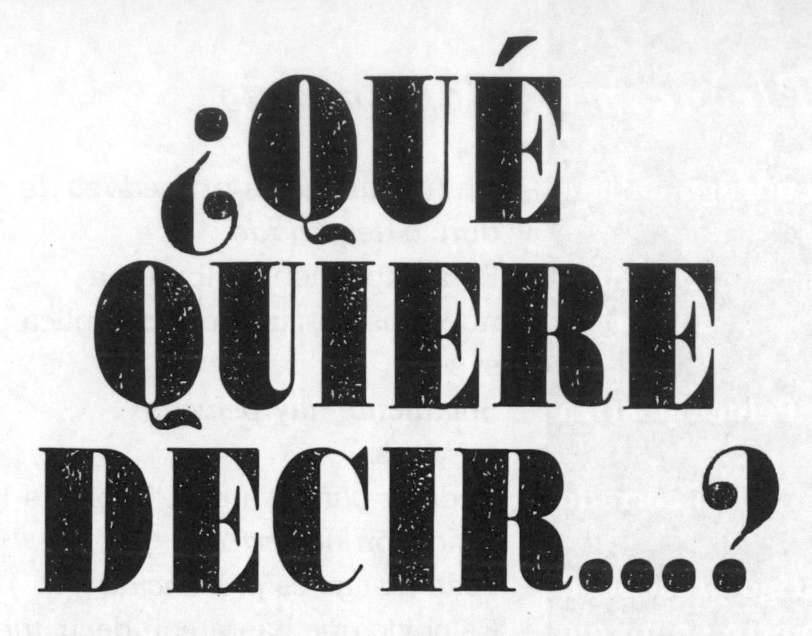

Los refranes, las sentencias y muchas otras expresiones comunes dan muestra de la sabiduría y el ingenio populares. En el siguiente ejercicio, al verificar las repuestas correctas al final, encontrarás en cada una de ellas un ejemplo de tales expresiones.

1. Aniquilar.

a) Quitar las escamas a los pescados.

b) Calcular al tanteo el peso de algo.

c) Destruir completamente una cosa grande o importante.

d) Juzgar sin base o pruebas.

2. Buche.

a) Pez que habita en zonas tropicales de América.

b) Porción de líquido que llena la boca, inflando los carrillos.

c) Chorro de agua.

d) Trozo de intestino de ciertos mamíferos.

3. Chicha.

a) Bebida espumosa y caliente derivada del cacao.

b) Instrumento de carpintería.

c) Instrumento de labranza muy útil en la siembra.

d) Bebida alcohólica que resulta de la fermentación de algún jugo o fruta.

4. Coyunda.

a) Unión de un hueso con otro.

b) Correa o soga con que se uncen los bueyes al yugo.

c) Serpiente venenosa.

d) En toreo, protección para el caballo de los picadores.

¿Qué quiere decir...?

5. Cuña.

a) Palanca para mover objetos muy pesados.
b) Mamífero rumiante camélido parecido a la llama.
c) Pieza de carpintería que se usa, introduciéndola, para ajustar o apretar algo.
d) Palo grueso que se usa para asegurar por detrás puertas y ventanas.

6. Culata.

a) Parte posterior de la caja de una arma de fuego, por la que se apoya para disparar.
b) Tapadera de un tonel.
c) Engrane de un molino.
d) Envase para almacenar líquidos grasos.

7. Hilacha.

a) Guiso a base de carne deshebrada, harina y salsa.
b) Eje de un telar.
c) Harapo, prenda de vestir inservible.
d) Hilo que se sale o cuelga de una prenda de ropa.

8. Olmo.

a) Árbol ulmáceo de hojas aovadas.
b) Llanura de pastos regulares y uniformes.
c) Arbusto que da frutas secas oleaginosas.
d) Papel fabricado de la corteza de ciertos árboles.

9. Trasquilar.

a) Dejar un objeto en prenda para garantizar un préstamo.
b) Cortar mal el pelo a alguien.
c) Enajenar un negocio en marcha.
d) Timar, estafar.

10. Mortaja.

a) Dinero, en lenguaje coloquial.
b) Féretro, ataúd.
c) Bata de bruja, de color negro.
d) Sábana u otra prenda con que se envuelve al cadáver para enterrarlo.

Soluciones con ejemplo

1. ⇨ **c)** *El prometer no empobrece; el dar es lo que aniquila.*

2. ⇨ **b)** *Se me hace pequeño el mar para echarme un buche de agua.*

3. ⇨ **d)** *No es ni chicha ni limonada.*

4. ⇨ **b)** *El que por su gusto es buey, hasta la coyunda lame.*

5. ⇨ **c)** *Para que la cuña apriete, ha de ser del mismo palo.*

6. ⇨ **a)** *Me salió el tiro por la culata.*

7. ⇨ **d)** *Darle vuelo a la hilacha.*

8. ⇨ **a)** *No le pidas peras al olmo.*

9. ⇨ **b)** *Ir por lana y volver trasquilado.*

10. ⇨ **d)** *Casamiento y mortaja, del cielo bajan.*

MÁS REFRANES TERGIVERSADOS

ecuerda: los refranes y las sentencias son una rica veta del ingenio popular. Nuevamente te muestro refranes con sus terminaciones intercambiadas. ¡Uno más dificilito!

Echando a perder____
El que con lobos anda____
El que nace pa' maceta____
Más vale solo____
La mentira corre,____
Más vale tarde____
No se puede chiflar____
El tiempo____
La mejor salsa____
De grano en grano,____
El que a dos amos sirve____
En la tierra a la que fueres,____
La necesidad____
El avaro, de su oro,____
No hay abismo
más profundo____

llena la gallina el buche. **1**
es oro. **2**
no es dueño, sino esclavo. **3**
que nunca. **4**
haz lo que vieres. **5**
que la boca de un chismoso. **6**
a aullar aprende. **7**
con alguno queda mal. **8**
es la madre de la invención. **9**
y comer pinole. **10**
no pasa del corredor. **11**
hasta que la verdad la ataja. **12**
se aprende. **13**
es el hambre. **14**
que mal acompañado. **15**

Solución: 13 / 7 / 11 / 15 / 12 / 4 / 10 / 2 / 14 / 1 / 8 / 5 / 9 / 3 / 6

ACERTIJOS de PALABRAS

Cada acertijo de los que en seguida te muestro tiene como tema las palabras, ya sea una o varias. Espero que te diviertas desentrañando sus enigmas.

¿Palabra rara?

¿Qué palabra de cuatro letras contiene seis?

Seis.

Pocas letras y muchas sílabas

¿Podrías decirme una palabra de tres sílabas que tenga sólo tres letras?

Oía.

Repetición de letras

A ver si se te ocurre una palabra que contenga: la *a* cuatro veces, la *r* tres veces, la *b* dos veces y la *v* uno vez.

Barrabrava.

Muchas veces la *y*

¿Cuál es el vocablo en el que figura tres veces la *y*?

¡Ayayay!

Montón de efes

¿Conoces una palabra con tres efes?

Fufurufo(a).

Exclusivamente oes

¿Se te ocurre una palabra que contenga cinco veces la *o* y ninguna otra vocal?

Odontólogo.

Si te fijas se te hará muy fácil el siguiente

¿Crees tú que haya un vocablo que lleve cuatro veces la *i* y tres veces la *q*?

Quiquiriquí.

Las cinco vocales casi en orden

¿Cuál es la palabra que tiene las cinco vocales siendo la primera la *a* y la última la *u*?

Pandemónium.

Tremenda palabra

¿Qué palabra conoces que tenga ¡veinticuatro letras!, y quizá sea la más grande de nuestro idioma?

Electroencefalografistas (Si aceptáramos que el gentilicio, en plural, de los habitantes de Pangaricutirimícuaro fuera parangaricutirimicuarenses, estaríamos nombrando una palabra de veintiséis letras; sin embargo, esta voz no está plenamente aceptada).

Parece una pregunta absurda pero no lo es.

Cual es una palabra de cuatro letras, que tiene tres letras, aunque se escribe con seis, raramente consta de nueve, mientras tiene ocho y nunca se escribe con cinco. ¿Cómo puede esto tener coherencia y lógica?

Explicación: No es una pregunta (no hay signo de interrogación) son afirmaciones:
Cual es una palabra de cuatro letras,
que tiene tres letras,
aunque se escribe con seis,
raramente consta de nueve,
mientras tiene ocho, y
nunca se escribe con cinco.

Mismas letras pero distintos nombres.

¿Podrías mencionar cuatro nombres propios masculinos, usuales en español, que tengan las mismas letras que *Rolando*? (Cuatro incluyendo *Rolando*).

Rolando, Ronaldo, Orlando, Arnoldo.

Nada que ver con Carlos

¿Qué nombre propio masculino (usual en español) no lleva ninguna de las letras del nombre *Carlos*?

Quintín.

Una palabra

¿Con qué letras de *anula parábolas* construyes una sola palabra?

Con todas, sólo que en distinto orden: unasolapalabra.

Afirmación dudosa a propósito de letras

Si a la palabra *truenas* le quitas una, te quedan tres. ¿Cómo puede ser cierto?

A las letras de truenas le quitas las letras de "una" y te queda la palabra "tres": truenas.

Eo, eo que te toreo

¿Cuál es el único número en cuyo nombre no figura ni la *e* ni la *o*?

Mil es el único número en cuyo nombre no figura ni la e ni la o.

Montón de consonantes pegadas

¿Puedes mencionar una o dos palabras que tengan cuatro consonantes seguidas?

substraer, construir, inscrito, abstracto.

Quítale un pedazo

¿Cuál es la palabra de tres sílabas a la que le puedes suprimir la de en medio y queda otra que significa lo mismo?

Noveno (queda nono).

Parecidos pero muy diferentes

¿Cuál es el nombre de un animal, que al cambiarle una letra se convierte en el nombre de otro animal? (No vale sólo cambiar de género; *perro*, *perra*).

*Ciervo (Al cambiar la **i** por **u**, nos queda **cuervo**, o viceversa).*

Sin faltar a la verdad

¿Con qué número, escrito con letras, hay que completar la frase que sigue para que sea verídica? (Tiene dos soluciones).

En esta frase hay ____________________ letras, ni una más ni una menos.

cincuenta y una o bien cincuenta y cuatro.

LAS QUINCE LETRAS

El señor Jacinto Pérez quería ponerle a su nuevo restaurante ***Las quince letras***, pues le parecía un bonito nombre y además muy ingenioso porque tal denominación consta exactamente de quince letras. Sin embargo, se percató de que ahí cerca ya había otro restaurante que se llamaba así, y, por si fuera poco, le contaron que en Oaxaca una cantina tenía el mismo nombre y que en Zacatecas, para su infortunio, existía también el restaurante Las quince letras.

Como don Jacinto Pérez no era hombre que se rindiera a las primeras de cambio, pensando, pensando, tuvo una idea estupenda: le puso a su restaurante ***Las dieciocho letras***, pues efectivamente este nuevo nombre tiene dieciocho letras. Unos años más tarde, el hermano de don Jacinto, el señor Crispín Pérez, también quiso abrir un restaurante ahí, muy cerca del de su pariente. He de aclarar que los hermanos en esa familia, Jacinto, Crispín y Hermelinda Pérez, siempre competían entre ellos.

Don Crispín, para no quedarse atrás, quiso usar la misma idea del nombre relacionado con el número de letras, y después de mucho pensar y razonar, acertó a ponerle a su restaurante ***Las diecinueve letras***, nombre que llenaba el requisito antes explicado. Después de varios años, y cuando esa zona de restaurantes era famosa, la hermana menor, doña Hermelinda, tuvo la oportunidad de abrir ahí un restaurante más. Era muy difícil encontrar un nombre que llenara el requisito referente al número de letras; pero como ella no estaba dispuesta a ser menos, y después de exprimirse el coco un buen rato, encontró la solución, le puso a su restaurante:

Las treinta y tres letras garigoleadas

Algunas CURIOSIDADES DE LAS PALABRAS

*El término **estuve** contiene cuatro letras consecutivas por orden alfabético: **stuv**.*

Una coincidencia curiosa es que *cuatro* tiene *seis* letras y *seis* tiene *cuatro*.

*El vocablo **cinco** tiene a su vez cinco letras, coincidencia que no se registra en ningún otro número.*

*En el término **centrifugados** todas las letras son diferentes y ninguna se repite.*

*Podemos decir que **Clotilde** y **Matilde** son nombres propios con tilde que se escriben sin tilde. (Recuerda que tilde es el acento escrito).*

*Las palabras **ecuatoriano** y **aeronáutico** poseen las mismas letras pero en diferente orden. Por esto se dice que cada una de ellas es anagrama de la otra.*

*Tú sabes que un derivado se escribe con la misma ortografía que la palabra de la cual deriva. Pues bien, con todo y que parece que la palabra pe**s**car se deriva de pe**z** resulta que la primera se escribe con **s** y la segunda con **z**. Asimismo, aunque pe**z** se escribe con **z**, pe**s**cado se escribe con **s**. Curioso, ¿no?*

calam

¿Sabes que es un calambur?

Según la extraordinaria lingüista María Moliner, calambur es la "circunstancia aprovechada como chiste o adivinanza y, a veces, como recurso literario que consiste en que las sílabas o letras de una expresión tienen significado completamente distinto variando el lugar de separación de las palabras":[18]

Elena, no es tu día; el enano estudia.

— **18** *María Moliner,* Diccionario de uso del español (A-G), *Gredos, p. 458.*

Quizá el más famoso de los calambures es el atribuido al insigne escritor español Francisco de Quevedo y Villegas relacionado con un conocido pasaje de su vida.

Esto ocurrió en el tiempo en que reinaba en España Felipe IV, quien estaba casado con Isabel de Borbón, mujer bellísima pero que tenía un defecto físico: por una deficiencia congénita, al caminar cojeaba.

La reina Isabel era vanidosa y le indignaba sobremanera que alguien mencionara o siquiera insinuara lo que fuera sobre aquel defecto suyo. Con mayor razón, que alguien se mofara de ella o la llamara coja.

Se cuenta que ciertos colegas del poeta apostaron con él a que no se atrevería a proferir a la reina, en su propia cara, el insulto referido. El pago sería la invitación a cenar a todos los implicados en el desafío, lo cual el poeta aceptó.

Quevedo se presentó ante la reina, provisto de un bello clavel y una no menos encantadora rosa, y, tras una cortés reverencia, extendió los brazos ofreciendo a la reina las dos flores y diciéndole: "Entre el clavel y la rosa, su majestad escoja" *(Entre el clavel y la rosa, su majestad es coja)*. Sobra decir que el ingenioso bardo se ganó una suculenta cena y acrecentar su celebridad.

Otro calambur atribuido a Quevedo se encuentra en un poema en el que narra la boda de unos esclavos:

Ella esclava y él esclavo
que quiere hincársele en medio.
(Ella esclava y él es clavo
que quiere hincársele en medio).

Otro calambur famoso, éste en el ámbito mexicano, es el que forma parte del poema Nocturno en que nada se oye del poeta **Xavier Villaurrutia.**[19]

— **19** ***Xavier Villaurrutia.*** *Poeta mexicano. 1903-1950. Perteneció a la Generación de los poetas contemporáneos. "Nocturno en que nada se oye" está incluido en su libro* Nostalgia de la muerte.

Te muestro en seguida un fragmento de dicha obra, para que aprecies el calambur:

Y en el juego angustioso de
un espejo frente a otro
cae mi voz
y mi voz que madura
y mi voz quemadura
y mi bosque madura
y mi voz quema dura
como el hielo de vidrio
como el grito de hielo...

Te ofrezco a continuación algunos calambures ingeniosos y graciosos:

Ató dos palos.
A todos, palos.

¡Ave!, César de Roma.
A veces arde Roma.

¿Por qué lavo la rueda?
¿Por qué la bola rueda?

(se vale que la ortografía cambie)

Yo lo coloco y ella lo quita.
Yo loco, loco, y ella loquita.

¡Vaya semanita!
¡Váyase, manita!

No se aburra.
No sea burra.

El enano estudia.
Elena no estudia.
Elena, no es tu día.

El calambur se ha utilizado para formar algunas adivinanzas y acertijos.

Oro no es, plata no es. ¿Qué es?

(el plátano)

•••

No pienses en otras cosas,
que las tienes en el mar,
o las ves llegar furiosas,
o las ves mansas llegar.

(las olas)

•••

Una tienda de pan es una panadería.
Una tienda de zapatos, una zapatería.
Una tienda de quesos, ¿qué sería?

(quesería)

•••

Si el enamorado fuera bien entendido,
sabría el nombre de la dama
y el color de su vestido.

(Elena, morado)

¿QUÉ QUIERE DECIR...?

En los ejercicios anteriores similares al que ahora viene, hemos adoptado un tema que les da uniformidad: refranes, dichos populares, palabras de origen náhuatl, etcétera. En esta ocasión, no hay una línea conductora. Si acaso, las palabras escogidas tienen en común algo: todas ellas son sonoras y un poco largas. De los siguientes vocablos, escoge la definición correcta.

1. Aquelarre.

a) Conjunto de reglas de magos y prestidigitadores.

b) Conjunto de demostraciones que efectúan los charros.

c) Reunión nocturna de brujas y brujos.

d) Operación quirúrgica de emergencia.

2. Chisgarabís.

a) Expresión prohibida por la sociedad.

b) Instante, lapso muy corto.

c) Caramba.

d) Mequetrefe, escandaloso, enredador y de poco provecho.

3. Cariacontecido.

a) Suceso que ocurre cada lustro.

b) Suceso que ocurre fatalmente.

c) Con muestras de pesar en la cara.

d) Que por su semblante demuestra culpabilidad.

4. Heliogábalo.

a) Hombre dominado por la gula, glotón.

b) Pez de gran tamaño de los mares polares.

c) Franja de luz que se cuela por una rendija.

d) Figura china parecida a los dragones.

¿Qué quiere decir...?

5. Hipotenusa.

a) Una parte del intestino delgado.
b) Lado opuesto al ángulo recto en un triángulo rectángulo.
c) Reata o cable que sirve para sujetar el mástil de un barco.
d) En matemáticas, un supuesto.

6. Oropéndola.

a) Orla o adorno en el vestido de una reina.
b) Antiguo reloj de pared.
c) Parte de la flor.
d) Hermoso pájaro de plumaje amarillo con alas, cola, pico y patas negros.

7. Pandemónium.

a) Alimento de los vikingos.
b) Un lugar del infierno según *La divina comedia* de Dante Alighieri.
c) Un veneno.
d) Lugar en que hay mucha gritería, confusión y agitación.

8. Paralelepípedo.

a) Triciclo grande.
b) Poliedro de seis caras paralelas dos a dos.
c) Roboide.
d) Vehículo imaginado por Leonardo da Vinci.

9. Tragaldabas.

a) Aldabones antiguos.
b) Fiesta con gran cantidad de alimentos y vino.
c) Persona muy tragona.
d) Costales para contener tubérculos.

10. Zarzaparrilla.

a) Arbusto de la familia de las liliáceas, con tallo espinoso.
b) Parte trasera de cierta bicicleta holandesa.
c) Condimento para sazonar la carne.
d) Mermelada de frambuesa.

Párrafo con ejemplos

(palabras del ejercicio anterior)

En la fiesta, el ***chisgarabís*** dizque invitado casi se acaba la botana; era un ***heliogábalo***, un ***tragaldabas***, además trató mal al homenajeado y, cuando lo quisieron echar, se puso a discutir y la reunión se convirtió en un ***pandemónium***. Después, cuando la fiesta tomó un aspecto de ***aquelarre***, el festejado se mostró un poco ***cariacontecido*** y todos trataban de animarlo. El extraño salón de fiestas tenía la forma de un ***paralelepípedo***; el área para bailar estaba formada por dos triángulos cuya ***hipotenusa*** separaba a los bailadores de la orquesta; en una de las paredes colgaba un gran cuadro que mostraba una hermosa ***oropéndola***. Por una vidriera se apreciaba un bello jardín con ***zarzaparrillas*** y otros arbustos.

Soluciones: 1c, 2d, 3c, 4a, 5b, 6d, 7d, 8b, 9c, 10a.

PERSONAJES INSOSPECHADOS

Fiesta inolvidable

–A la fiesta que organicé llegaron muchos famosos.

–¿Quiénes eran?

–Fulanito de Tal, Mengano, Zutano, Perengano, Perico de los Palotes, Juan de las Pitas, Ambrosio con su escopeta, Pedro, el que siempre anda por su casa y el tío Lolo.

–¿Puros hombres?

–No, lo olvidaba: también vinieron Fulanita y Zutanita… ¡ah!, y doña Blanca.

–Pues debe de haber estado muy animada la fiesta.

–Sí, sobre todo cuando llegó Pepito, el de los cuentos.

FULANOS

Y

MENGANOS

Si en una plática queremos mencionar a una persona cualquiera, alguien indeterminado, sin una identidad específica, generalmente llamamos a este sujeto Fulano.

También usamos ese nombre de manera un poco despectiva: *Pasó un Fulano y rayó tu pared*. Tanto la palabra Fulano como la palabra Mengano, que es similar, provienen del árabe (*fulán*, tal, cualquiera, y *man kan*, quien sea, respectivamente). Se usan mucho en diminutivo.

Si queremos agregarle a Fulano una especie de apellido, decimos Fulano de Tal; si son dos los personajes indefinidos, decimos Fulano y Zutano; si son tres, Fulano, Zutano y Mengano y, por último, si son cuatro, Fulano, Zutano, Mengano y Perengano.

Para fines semejantes también salen a relucir los nombres Juan de las Pitas y Perico de los Palotes.

El diccionario de la Real Academia consigna la palabra perogrullada, y dice:
*De **Perogrullo**. Verdad o certeza que, por notoriamente sabida, es necedad decirla.*

PEROGRULLO,

María Moliner, a su vez señala:
*"**Perogrullo**, compuesto con 'Pero' y 'Grullo'. Personaje supuesto al que se le atribuye humorísticamente las sentencias o afirmaciones de contenido tan sabido y natural que es una tontería decirlas".*[20]

— **20** *María Moliner,* Diccionario de uso del español (H-Z), *Gredos, p. 712.*

Perogrullo es un personaje de la cultura popular de origen incierto. Nunca pudo confirmarse si existió, aunque sus supuestas frases quedaron en la historia bajo la denominación de perogrulladas.

La veracidad de los datos que se tienen sobre el paso de Perogrullo por este mundo no es cien por ciento tal, pero es probable que sí haya existido un personaje llamado Pedro Grillo, Pedro Grullo, Pero Grullo o Perogrullo, como actualmente se le nombra en el habla popular.

Dicho individuo, un supuesto profeta, habría vivido en Cantabria, España, a mediados del siglo xv. Se dice que se caracterizaba por augurar obviedades del estilo de las siguientes: El primero de enero del año próximo será el primer día del año, amanecerá al alba y a medio día nadie podrá ver las estrellas.

Sin embargo, el nombre en cuestión pudo haberse inventado combinando el nombre *Pedro*, muy común, y *grullo*, que significa palurdo, de modales y gustos poco refinados. En el capítulo LXII del Quijote, de Cervantes, presentan al Caballero de la Triste Figura y a Sancho la escultura de una cabeza que parecía ser de bronce, a la que nombraban cabeza encantada y de la que decían que respondía sabiamente cualquier pregunta.

"El último preguntante fue Sancho, y lo que preguntó fue:

–¿Por ventura, cabeza, tendré otro gobierno? ¿Saldré de mi estrecheza de escudero? ¿Volveré a ver a mi mujer y a mis hijos?

A lo que respondieron:

–Gobernarás en tu casa; y si vuelves a ella, verás a tu mujer y a tus hijos; y dejando de servir, dejarás de ser escudero.
–¡Bueno, par Dios! –dijo Sancho Panza–. Esto yo me lo dijera. ¡No dijera más el profeta Pero Grullo!"

Algunos otros ejemplos de perogrulladas:

Al que le quitan la vida,
de seguro lo matan.
Cuatro nueces son dos
pares de nueces.
La mano cerrada se puede
llamar puño y aun de
hecho se llama así.
Casi se puede afirmar, sin
temor de ser desmentido,
que no ven objeto alguno los
ciegos de nacimiento.
De cada diez niños que
nacen, cinco son la mitad.
Prever resulta especialmente
difícil cuando se trata del
futuro.

Diálogo perogrullesco:

–El que tenga perro, que lo amarre.
–¿Y el que no lo tenga?
–Que no lo amarre.

Anuncio al estilo de Pero Grullo:

NUESTRO HORARIO:
ABRIMOS CUANDO
LLEGAMOS,
CERRAMOS CUANDO
NOS VAMOS
Y SI VIENES
Y NO ESTAMOS,
ES QUE NO
COINCIDIMOS.

AMBROSIO

La frase ***Eso y la carabina de Ambrosio...*** usada para significar que determinada cosa no sirve para nada surgió de un episodio campirano. Porque se cuenta que Ambrosio fue un labriego sevillano del siglo XIX que dizque se convirtió en asaltante. Acostumbraba portar una carabina descargada y algo oxidada y, por esta razón, al buen Ambrosio nunca se le tomó en serio. Era muy conocido y se sabía que era pobre, pero de buen corazón.

EL TÍO LOLO

¿Sabes qué quiere decir la expresión ...es como el Tío Lolo?

Así se dice del que aparenta (voluntariamente o no) que trabaja mucho o que está muy ocupado y en realidad no hace nada, o lo que hace es totalmente inútil. Parece que el nombre surgió de la definición rimada y humorística de tal personaje: *El Tío Lolo, el que se hace tarugo solo.*

Milagros Ángeles

Consuelo Remedios

ALGUNOS NOMBRES CON SIGNIFICADO SUGERENTE...

Dolor de panza

*A **Dolores** le dolía la pancita y le habló a su prima **Remedios** para que la curara. Como los brebajes que ésta le dio no surtieron efecto, le tuvieron que hablar a su abuelita **Milagros**...*

Dolores Refugio

PALABRAS
Y DICHOS
¿DE DÓNDE VIENEN
CIERTAS
EXPRESIONES?

ANDAR DEL TINGO AL TANGO

Ir de un lugar a otro repetida y rápidamente, o sin rumbo fijo. Pero ¿sabes de donde viene tal expresión?

Resulta que en Perú se encuentra El Tingo o Villa de Tingo,[21] que es un pueblo que está en la provincia de Arequipa, y tiene un famoso balneario cuyas aguas son terapéuticas. Este lugar está en el sur del país. También en Perú se encuentra Tingo María, que es una ciudad, muy turística, situada en el centro-norte del país.

Es muy comprensible que con la expresión *andar del tingo al tango* se está aludiendo a alguno de los Tingos peruanos y a Argentina que es la cuna del tango, por lo que literalmente se estaría diciendo andar de norte a sur.

— **21** *Muy probablemente* Tingo *viene de la palabra quechua* tincco o tinku *que significa encuentro y se refiere a la confluencia de los ríos.*

Atender dos cosas a la vez; estar alerta en dos asuntos a la vez.

Esta expresión se remonta a los tiempos en que no existían los refrigeradores (antes del siglo XX). Para conservar frescos los alimentos de carne, muy frecuentemente se curaba ésta con sal y especias o se preparaba en embutidos. Estos productos se colgaban (aún hoy se cuelgan) en unos artefactos de hierro con una o varias puntas en forma de semicírculo, que se llaman garabatos.

En ocasiones, algún gato se trepaba a un garabato para comerse el rico manjar que habían dejado a su disposición. Para evitar este desaguisado se tenía que estar con un ojo al gato y otro al garabato.

¡Aguas! ¡Cuidado!

En tiempos de la Colonia, comúnmente las casas carecían de drenaje, por lo que la manera más fácil y acostumbrada de deshacerse del agua sucia, producto del aseo de trastos y ropa, o del contenido de las bacinicas, era tirar estos desagradables líquidos por los balcones o las ventanas.

Para prevenir a los incautos transeúntes, se les gritaba: "¡Aguas!" Quizá de esta manera, quien arrojaba tales desechos lavaba un poco su conciencia. Esta exclamación hoy en día se usa para advertir a alguien de algún peligro o situación desagradable.

¡Mierda!

(o ¡Mucha mierda!) **¡Buena suerte!**

(En el estreno de una obra teatro)

Antiguamente, las representaciones teatrales eran los espectáculos más ávidamente esperados en los pueblos y ciudades. Las personas con más poder económico solían desplazarse hasta el teatro en sus carruajes de caballos y dejaban inevitablemente los excrementos de las bestias en las puertas del lugar de la representación.

Es de comprenderse que cuanto más excremento hubiese en la calle, más personas importantes habían asistido a presenciar la obra, por lo que se deseaba a los actores, directores y demás participantes de la obra *mucha mierda*, expresión que, en realidad significaba el deseo de que a la obra acudieran muchas personas notables. Esta exclamación se usa aún hoy.

Por cierto y curiosamente la expresión *¡Buena suerte!* se considera de mala suerte.

Ya me cayó el veinte

Ya comprendí.

En los años sesenta y setenta existían unos teléfonos públicos en casetas a los que, para usarlos, había que introducirles una moneda de veinte centavos, un veinte,[22] por la ranura que para esto tenían. Cuando la comunicación se establecía, se escuchaba claramente que, dentro del aparato, el veinte caía a un recipiente. Entonces se decía: "Ya cayó el veinte", y podía uno empezar a hablar. De esa frase nació posteriormente la metáfora que usamos hoy para decir que por fin logramos comprender algo, darnos cuenta de algo. *Por fin me cayó el veinte: lo que él quería es ser aceptado.*

— **22** *Un veinte era una moneda de cobre de 2.8 cm de diámetro. Circuló mucho antes de que, por la gran inflación existente, a nuestra moneda se le quitaran tres ceros.*

NO SE MOVIÓ NI UN ÁPICE

No se movió absolutamente nada.

Ápice significa la parte superior o punta de algo, y también un punto muy reducido, algo pequeñísimo, insignificante... Lo cual explica la expresión.

SE MUEVE COMO CHINICUIL

(o bien Se mueve como chinicuil en comal.)

Se mueve muchísimo.

Los chinicuiles son los conocidísimos y sabrosos gusanos rojos de maguey.[23] Para prepararlos los doran vivos en un comal y, como te has de imaginar, los animalitos al ser calentados se retuercen mucho. De semejante circunstancia viene esa expresión.

HABLA COMO TARABILLA

Habla mucho y atropelladamente.

Una acepción de _tarabilla_ es pequeña matraca, de tal manera que la expresión podría también equivaler a: _habla como matraca_.

— **23** *Al igual que los escamoles, los gusanos de maguey son larvas mexicanas que han alcanzado un indiscutible prestigio gastronómico mundial. Tienen un sabor exquisito.*

ANDA COMO PEDRO POR SU CASA

–¿Cómo le decimos al que se desplaza fácilmente, muy cómodo y con seguridad por algún sitio?

–*Anda como Pedro por su casa.*

–¿Por qué siempre es Pedro?

Porque cuentan que el rey Pedro I de Aragón, quien fue un destacado estratega militar, en el siglo XI conquistó Huesca al derrotar a Al-Musta'in II de Zaragoza. Huesca fue la primera ciudad musulmana incorporada al reino de Aragón. La victoria en Huesca fue tan contundente, que se interpretó como si no hubiera existido resistencia y Pedro simplemente hubiera llegado a reclamar lo suyo. Desde entonces se empezó a decir: *...anda como Pedro en Huesca*; frase que después de algunos años derivó en... *anda como Pedro por su casa.*

Sepa la bola

En los tiempos de la Revolución, además de los grandes caudillos, contribuyó a la causa –desde diferentes trincheras– mucha gente de muy diversos estratos sociales, orígenes y oficios: obreros, campesinos, valerosas mujeres, militares y otros, que tenían el ferviente deseo de abatir la dictadura de Porfirio Díaz. A ese grupo disímbolo se le llamó la bola (bola de gente).

Si llegaba a haber saqueos o destrozos y alguien preguntaba quién los había ocasionado, el interpelado solía contestar: "Sepa la bola". Esta respuesta es similar a la que daba el pueblo en la obra teatral *Fuente Ovejuna* de Lope de Vega, basada en un suceso real.

El pueblo había decidido tomar justicia por su propia mano deshaciéndose del tiránico y cruel comendador Hernán Pérez de Guzmán (siglo XV), confiando además en que la autoridad real avalaría su acción. La clave de su triunfo final fue la unidad de todo el pueblo. No había ningún vecino que delatara al autor directo de la muerte del tirano. Ante la pregunta reiterada del juez, la respuesta siempre era la misma:

–¿Quién mató al Comendador?
–Fuente Ovejuna, Señor.
–¿Y quién es Fuente Ovejuna?
–Todos a una.

AL QUE QUIERA AZUL CELESTE, QUE LE CUESTE

En tiempos pasados –se sabe que desde el Renacimiento– se llegó a usar un mineral, el lapislázuli, para producir cierta pintura azul muy apreciada por los pintores. Dicho mineral, clasificado como piedra semipreciosa, es muy caro.

Incluso los grandes señores y los papas cuando encargaban un cuadro a algún pintor y firmaban un acuerdo, en éste estipulaban la cantidad de oro y la cantidad de lapislázuli que el artista usaría. Como es de suponerse, el cuadro a veces resultaba muy costoso. Estos hechos dieron origen a la expresión *Al que quiera azul celeste, que le cueste.*

TE QUEDASTE COMO EL PERRO DE LAS DOS TORTAS

Este conocido dicho proviene de la siguiente fábula atribuida a Esopo: **Un perro, llevando en el hocico un trozo de buena carne, vadeaba un río. De pronto vio su reflejo en el agua y creyó que era otro perro que llevaba, a su vez, otro pedazo de carne. Su codicia lo hizo imaginar que aquel trozo era mayor que el suyo y quiso arrebatarlo a su congénere.**

Lo único que consiguió fue que el preciado alimento que llevaba cayera al agua y fuera arrastrado por la corriente. Quedose el perro sin su manjar real y, por supuesto, sin el otro imaginario.

Moraleja: *Casi siempre el codicioso pierde su posesión queriendo apropiarse de la ajena.*

Al paso del tiempo se cambió en el habla la naturaleza del alimento que llevaba el perro y éste se convirtió en una torta.

ORÍGENES
curiosos
de los nombres
de DOS lugares
FAMOSOS

Yucatán y Montevideo.

Quiero platicarte que hay nombres, de lugares importantes, que surgieron por pura chiripa (casualidad); que no se derivan de algo que caracterice dichos lugares; al contrario de lo que ocurre, por ejemplo, en el caso del estado de *Aguascalientes*, que se llama así porque allí abundan las aguas termales, o lo que ocurre con la ciudad de *Tuxtla*, cuyo nombre deriva del náhuatl *Toch-tlan*, lugar donde abundan los conejos. Así, tenemos que ***Yucatán***, estado mexicano, y ***Montevideo***, capital uruguaya, deben sus nombres a situaciones meramente fortuitas.

¿Por qué Yucatán se llama así?

Pues verás: Una versión dice que en tiempos de la Colonia, cuando los españoles llegaron a ese sitio habitado por los mayas, preguntaron: *"¿Cómo se llama este lugar?"*, a lo que algún indígena contestó: ***"Ci u t'ann"***, que en su lengua, el maya, significa *no comprendo*, pues por supuesto no conocía la lengua española.

Otra versión, similar, cuenta que al escuchar la pregunta mencionada, un joven maya dijo: ***"Uh yu ka t'ann"***, que en maya significa *oye cómo hablan.*

En ambas versiones se supone que los españoles creyeron que los mayas respondían diciendo el nombre del lugar en cuestión. Sea verídica una u otra versión, el nombre habría surgido de una confusión de los primeros españoles que llegaron por allá.

¿POR QUÉ MONTEVIDEO SE LLAMA ASÍ?

Pues ahora te cuento: Allá a principios del siglo XVI, llegaron por aquellos lugares los primeros españoles y, en un mapa que elaboraron, describieron la situación geográfica de un gran cerro que divisaron cuando navegaban por lo que hoy es el Río de la Plata; entonces anotaron: **Monte VI D. E. O.**, que daba a entender Monte sexto de este a oeste. Este monte es adyacente a lo que hoy es la ciudad. Al paso del tiempo, lo anotado en ese mapa se interpretó como una palabra: *Montevideo.*

Han afirmado lo anterior varios historiadores. No hay pruebas concluyentes de que esta versión sea la verídica, pero a mí me parece muy probable y, además, pintoresca.

ALGUNOS DICHOS Y EXPRESIONES DIVERTIDOS

En los dichos mexicanos se encuentran expresiones sumamente peculiares y palabras con significados curiosos y a veces humorísticos. Quiero mostrarte algunas (sólo algunas, pues son infinidad) muy graciosas y pintorescas. Te explico su significado en cada caso.

A darle que es mole de olla.
Ya hay que empezar.

¡A echar pulgas a otro lado!
Vete a otro lado; aquí molestas.

A ojo de buen *cubero*.[24]
Al cálculo, sin medición exacta con aparatos.

Ajonjolí de todos los moles.
Se dice de alguien que anda metido en muchos asuntos porque él así lo busca o porque lo solicitan otras personas.

Cerrar con broche de oro.
Terminar una serie de actos con alguno importante, vistoso o muy apreciado.

— **24 Cubero**. *Fabricante de cubas. Cuba es un recipiente de madera parecido a un pequeño barril, para contener un líquido.*

Este arroz ya se coció.
Este asunto ya se terminó con éxito.

La misma gata, pero revolcada.
La misma cosa pero con una apariencia diferente.

Llorar a moco tendido.
Llorar mucho.

Mosquita muerta.
Se dice de la persona que finge inocencia y bondad.

Romper el turrón.
Empezar a hablarse de tú.

No falta un roto para un descocido.
Cada persona puede encontrar a alguien afín a ella.

DIMINUTIVOS CAPRICHOSOS

O

INESPERADOS

Te platicaré algo sobre los diminutivos: algunos platillos mexicanos, en su nombre, llevan el diminutivo; por ejemplo, *calabacitas a la mexicana*, *manitas de puerco*, *pancita*, *cabrito al pastor*.

Un alimento son las calabazas y otro las calabacitas. Al sabroso platillo caldoso a base de panza de res, lo conocemos como *pancita*. A nadie se le ocurriría pedir en un restaurante *manos de puerco* pediría *manitas de puerco*. En el caso del *cabrito*, este platillo se elabora con un animal pequeño, recién nacido, que no pasa de tres o cuatro meses de edad, o aún menos. En Chiapas al cerdo también se le llama *cochi*, y hay un platillo típico (originario de Chiapa de Corzo) al que se nombra *cochito al horno*.

Usamos los diminutivos para hablar, en general, de nuestros alimentos, sobre todo, de los muy mexicanos: *Aquí te paso los frijolitos. ¿Podrías traerme unas tortillitas? Ponle más salsita, está rica. Lo invito a mi casa para tomarnos un tequilita* o *un pulquito*.

Nos gusta más que a los españoles usar diminutivos, y llegamos a usarlos hasta en despedidas: *adiosito*; o en gerundios: *corriendito. Tráeme mis lentes, ¡pero corriendito!* En México usamos *ahorita*, que es el diminutivo del adverbio *ahora*. Significa *dentro de un momento* o *dentro de un momentito*. Por ejemplo, *ahorita vengo*. Asimismo las deformaciones *orita* y *oritita*. Más aún, quien tiene ganas de ir a satisfacer cierta necesidad corporal suele decir: "*Orinita vengo*".

Los compadres Benito y Canuto, y los diminutivos

El señor Benito le había dicho y repetido a su compadre Canuto que no usara tantos diminutivos, que no exagerara. Entonces el compadre Canuto, un día, recordando la recomendación de su compadre, le dijo:

–La comida ha de estar exquisa, compadre Beno; ya sé que la preparó la esposa de don Agapo, que guisa muy bien, pero discúlpeme: ahora no tengo apeto.

Mucho de todo pero muy poco de algo

Mi tío Melitón era cabezón, barbón, bigotón, cachetón, barrigón y nalgón, pero estaba pelón. Su perro Platón era grandulón, hocicón y dientón, pero estaba rabón.

DIALOGUILLOS y FRASES Chuscas

En esta parte del libro te mostraré algunos dialoguillos y frases algo chuscas.

Dialoguillo

–¿Usted no nada nada?

–Sí, pero no traje traje; pero mire cómo como.

•

Epigrama de Tomás de Iriarte:

–Reñí con un hostelero.

–¿Por qué?, ¿cuándo?, ¿dónde?, ¿cómo?

–Porque cuando donde como,

sirven mal, me desespero.

• •

Diálogo entre esposos

–Cuando mueras,

¿dónde quieres que te entierre?

–Sorpréndeme.

•

Frases de humor negro

Mi compadre Juan se está recuperando de la autopsia.

Se está muriendo mucha gente que antes

no se moría.

• •

Anuncio en la tienda de la esquina

Hoy no fío, mañana sí.

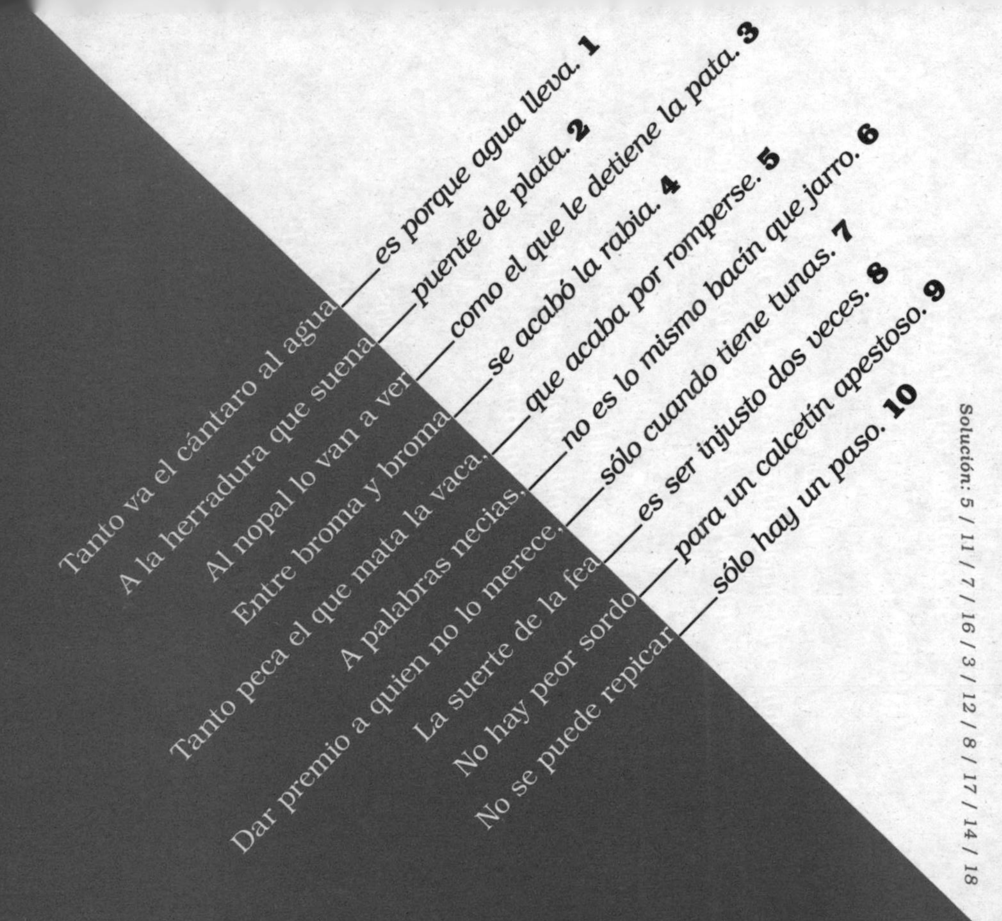

Tanto va el cántaro al agua
A la herradura que suena
Al nopal lo van a ver
Entre broma y broma
Tanto peca el que mata la vaca,
A palabras necias,
Dar premio a quien no lo merece,
La suerte de la fea
No hay peor sordo
No se puede repicar
es porque agua lleva. 1
puente de plata. 2
como el que le detiene la pata. 3
se acabó la rabia. 4
que acaba por romperse. 5
no es lo mismo bacín que jarro. 6
sólo cuando tiene tunas. 7
es ser injusto dos veces. 8
para un calcetín apestoso. 9
sólo hay un paso. 10
Solución: 5 / 11 / 7 / 7 / 16 / 3 / 12 / 8 / 17 / 14 / 18

¡QUÉ EMBROLLO CON LOS REFRANES!

— ¡Tu prueba final de refranes!

Del odio al amor ____
Muerto el perro, ____
Al enemigo que huye, ____
Nunca falta una chancla vieja ____
Cuando el río suena, ____
Aunque sean del mismo barro, ____
Donde falta la previsión, ____
En el modo de partir el pan ____

algún clavo le falta. **11**
oídos sordos. **12**
faltará la provisión. **13**
que el que no quiere oír. **14**
se conoce al que es tragón. **15**
la verdad se asoma. **16**
la bonita la desea. **17**
y andar en la procesión. **18**

Solución: 10 / 4 / 2 / 9 / 1 / 6 / 13 / 15

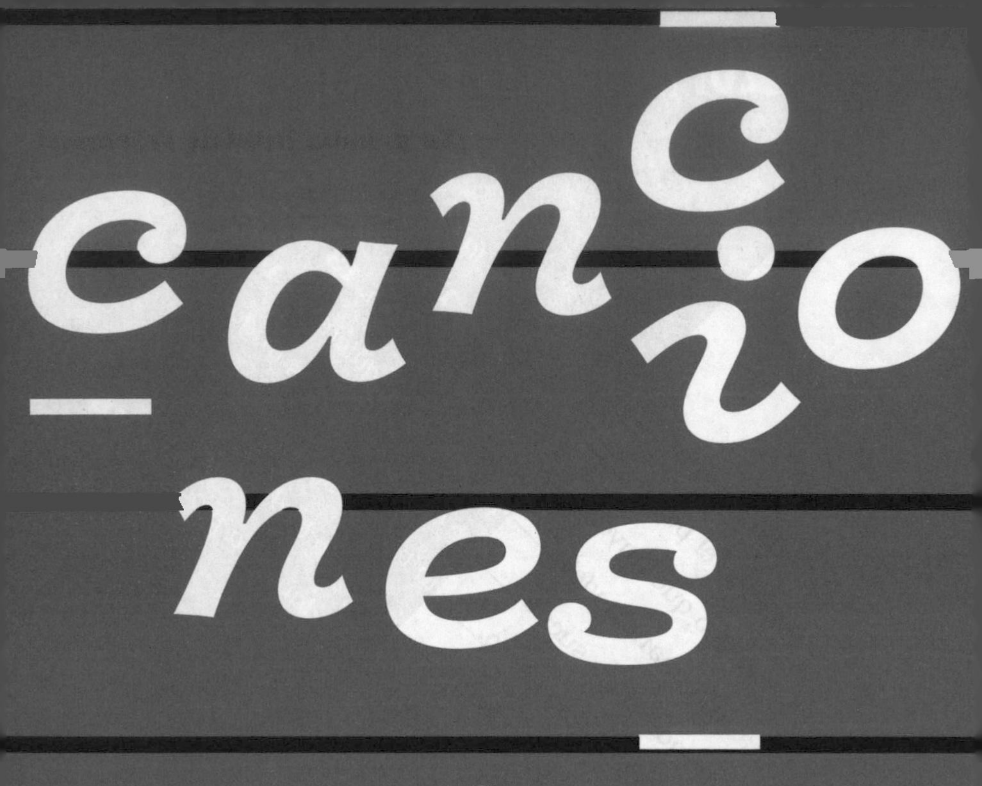

esdrujulosas

¡Újule!, que no se nos olviden las canciones cuyos versos terminan en palabra esdrújula.

EL MURCIÉLAGO

Canción anónima, del dominio público.

En noche lóbrega
galán incógnito
por calles céntricas
atravesó,
y bajo clásica
ventana gótica,
pulsó su cítara
y así cantó:

"Niña hermosísima
de faz angélica
que en blancas sábanas
durmiendo estás,
despierta y óyeme,
que entre mis cánticos,
suspiros prófugos
escucharás".

Pero la sílfide
que oyó esos cánticos
bajo las sábanas
se arrebujó
y dijo: "¡Cáscaras!,
a ese murciélago
que anda romántico
no le abro yo.

Porque, si es húmeda
la noche y gélida,
me van los céfiros
a constipar,
y hasta la médula
y hasta los tuétanos,
si cedo y ábrole,
me voy a helar".

Las esdrújulas

Letra de Gilda Rincón. Música de Valentín Rincón

Son las esdrújulas
simpáticas y fáciles;
para aprendértelas,
cantándolas lo harás,

porque diciéndolas
con un poco de música,
acomodándose
al ritmo van de un vals.

Escúchalas, son rítmicas,
son dóciles, versátiles;
anímate y apréndelas
y luego me dirás:

cuando es tónica
la antepenúltima,
voces esdrújulas
se formarán;

siempre recuérdalo:
en esa sílaba,
acento gráfico
deben llevar.

En la siguiente canción, intencionalmente alteré las terminaciones de algunas palabras (las que están en el recuadro rojo de la izquierda), para humorísticamente hacerlas rimar con *rábanos* o, cuando menos, que se parezcan a dicha palabra. Es como un trabalenguas chistoso. En seguida te anotamos la canción con las palabras correctas (para que no digan...)

Cuando andábanos cortando rábanos.

Y cuando andábanos
cortando rábanos,
unos cortábanos
y otros dejábanos.

Los que cortábanos
nos los comíanos;
si no cortábanos,
pues ayunábanos.

Cuando andábamos cortando rábanos.

Canción del dominio público

Y cuando andábamos
cortando rábanos,
unos cortábamos
y otros dejábamos.

Los que cortábamos
nos los comíamos;
si no cortábamos,
pues ayunábamos.

Comentario:
La cancioncilla es, a todas luces, chusca por su extrema simpleza. Por cierto, los rábanos no se cortan como cortar flores, pues se dan bajo tierra; son raíces.

Algunos refranes,
DICHOS y
expresiones
sobre la palabra
PALABRA

A **palabras** necias, oídos sordos.

¡Agárrale la **palabra**!

Palabra de honor.

¡Santa **palabra**!

¡**Palabra**!

Escúchame... sólo dos **palabras**.

Me quitaste la **palabra** de la boca.

A buen entendedor, pocas **palabras**.

Cómo capta el cerebro las palabras escritas

Es curioso cómo capta la mente las palabras en un escrito. Algunas veces, aparece en él una palabra mal escrita, pero la leemos bien y ni siquiera advertimos el error. ¿No te ha pasado eso? Parece que para comprender lo escrito, basta con que la primera y la última letra de cada palabra estén en el lugar correcto, pues nuestra mente no lee cada letra por sí sola, sino cada palabra como un todo.

También coadyuva el conocimiento del contexto general, pues al tenerlo en cuenta, en cierta forma vamos adivinando cada palabra que sigue. Por esta razón, para los niños es un poco más difícil captar el sentido de algo mal escrito, sobre todo para los más pequeños, pues no tienen el entrenamiento necesario para leer fluidamente.

Lee la siguiente oración:

Es más fácil si lo lees un poco rápido

En esa novela policiaca el moyardomo piensa cometer el crimen ferpecto.

¿Qué error o errores notaste? ¡Claro!, están mal escritas dos palabras. Pero observa que a pesar de eso, entendiste la oración.

Lee las sigueintes:

¿Serías capaz de armar este ropmecaebzas?

Le damos la más codrial bienvineda.

Mi ecsriotrio etsá lleno de palepes.

Sguraenmete pduitse leer, y eendnter tdoo.

¿Peueds leer lo sguieitne?

El gtao con btoas

Cietro monlireo, al mroir, djeó por hrenceia a sus ters hoijs, su monilo, su bruro y su gtao. Pnorto esrtvieoun haechs las praets; no hbuo que llmaar al noartio ni al porcaurdor. El myoar se qdueó con el mionlo, el suengdo con el anso y el pñeequo con el gtao.

¿Verdad que lo pudiste entender y, por cierto, te diste cuenta de que es el principio del cuento El gato con botas? Qudeé sdorpnredio al damre cutena de que ebstaa etnediendno lo que líea, a paesr de que las lrteas en las palbaras ebstaan en doesdren; y es que, praa cpomrdener lo ecsrtio, btasa con que la perirma y la úlimta lreta de cdda pbalara eéstn en el laugr corrcteo, peus neursta mtene no lee cdaa ltrea por sí sloa, snio cdaa pbaalra cmoo un tdoo. **Cruisoo, ¿no?**

LA ESCRITURA DE LAS PALABRAS ESPAÑOLAS

a escritura de la lengua española, como otras escrituras que se originaron en Occidente (Europa), es lineal: de izquierda a derecha,[25] *esto tiene que ver con cómo pensamos nuestra historia: pasado-presente-futuro, como si ésta fuese un gran diario en donde escribimos lo que pensamos día tras día, palabra tras palabra.*

— **25** *Por cierto, hay varias escrituras de idiomas que son de derecha a izquierda, como las que utilizan los alfabetos árabe y hebreo, entre otras.*

Las culturas precolombinas, en cambio, desarrollaron un sistema de escritura pictográfica de acuerdo a una concepción cosmogónica basada en mitos e historias entrelazadas por todos lados y en todas direcciones.

Con la llegada de los españoles esta forma de concebir el mundo se tuvo que occidentalizar, es decir, las escrituras pictográficas que hoy nos parecen ilustraciones en libros (códices) desaparecieron, para adoptar el sistema lineal de palabras; lo que nos recuerda a aquello que decía el humanista español Antonio de Nebrija en el siglo XVI, (justo en la época en que se dio el colonialismo en América):

"Siempre la lengua fue compañera del Imperio", y yo añadiría: "Y también la escritura de las palabras".

FIN

ESCRIBE OTRAS SEIS PALABRAS FAVORITAS TUYAS:

de Valentín Rincón
fue diseñado por
Alejandro Magallanes
con la colaboración
de Ana Laura Alba
y Mathilde Baltus a
principios del año 2021.
El cuidado de esta edición
estuvo a cargo de
Aura González Morgado,
La corrección fue
realizada
por Norma López
y la preprensa
por Sandra Ferrer.
Se utilizaron más
de ochenta fuentes
tipográficas que dan
imagen a las palabras
y que con un poco de
paciencia estamos
seguros de que podrás
averiguar cuáles son.
Más de ochenta años
tiene también Valentín
Rincón al momento de
imprimirse este libro en
en los talleres de
Promocionales
e Impresos América,
S.A de C.V,
con domicilio en Avenida
Jardín, número 258,
colonia Tlatilco,
alcaldía Azcapotzalco,
C.P. 02860,
Ciudad de México.